リック式「右脳」メソッド

ヤバいくらい使える

英文法

1000

リック西尾

リーディング

1回読み通したらワンチェック。

1	2	3	4
	40回に挑戦!!		
9	10	11	12
17	18	19	20
25	26	27	28
33	34	35	36

チェック チャート
さあ40回のリーディングに挑戦!!

5	6	7	8
13	14	15	16
21	22	23	24
29	30	31	32
37	38	39	40

ゴール
おめで
とう!!

リック式
メソッドの原理

日本人が英語が苦手な
第一原因

　皆さんはご存じですか？　日本人のTOEFLにおける世界ランキングを。実は、約180の非英語圏の受験国中、100位以下に位置しているのです。高校生による数学オリンピックでは世界的にトップレベルであるにもかかわらず、英語に関しては、世界レベルで100位以下なのです。なぜ日本人は、かくも英語が苦手なのでしょうか。

　日本人の知能レベルが低いからでしょうか。私たちが母国語とする日本語の構造が英語とまったく違い、発音も難しいからでしょうか。

　いずれにせよ、熾烈な受験競争のなかで必死に英語を

勉強してきたにもかかわらず、日本国民のほとんどが英語を苦手とし、英語アレルギーを抱えています。なぜ私たちは、英語を習得できないのでしょうか。

　その疑問に対しては「学校での授業が翻訳中心で、英会話を中心とした学習でなかったから」という答えが返ってきそうですが、実は、もっと深いところにその原因があります。それは、明治以来変わることなく継承されてきた従来の学習方法に原因があったのです。
　それを一言で言えば「**英語を日本語に翻訳して学習する**」ということです。

　「**英語は英語で理解し、日本語は日本語で理解する**」、これが語学習得における基本なのです。英語を理解するのに日本語を介さずして、どうして学習できるのか、という反論が返ってきそうですが、しかし英語を日本語に還元して学習する方法が、英語の習得を困難にしてきた第一の、そして最大の原因なのです。

　では、なぜ英語を日本語に還元して学習する方法が問題なのでしょうか。まずは私たちがどのようにして言語を習得していくのか、その過程について考えてみたいと思います。

5

言語習得の流れ

生後まもない赤ちゃんを例にとって説明します。

赤ちゃんが「マンマ、マンマ」と言う。
するとママが赤ちゃんを抱いて、
「ママよ」
「おなかすいたのね」
「オッパイよ」
と言いながら乳房を出して、赤ちゃんの口に乳首を
含ませる。
「たくさん飲んでね!」
と言いながら微笑む。

この状況が反復されるなかで、赤ちゃんは、「ママ」
がお母さん、「オッパイ」がお母さんの乳房とお乳であ
ることを理解し、「飲んで!」は、乳首を吸ってお乳を
飲むことと理解するようになります。

つまり言語は、基本的に、耳を通して入ってくる音声
情報と、視覚的・状況的認識が合わさって理解され、自
然に習得されるものなのです。

言語習得の過程を図式化すると、次ページのようにな
ります。

| ある状況のもとで言葉を反復して聞く |

↓

| 左脳で言葉の音声情報を認識する |

↓

| 状況のなかから言葉の意味するところのイメージを右脳でとらえる |

↓

| 左脳で音声情報を記憶する |

↓

| 音声情報に対応するイメージ情報を右脳で記憶する |

↓

| 左脳は音声文字情報を、右脳はイメージ情報を、それぞれに役割を分担し記憶が定着する |

↓

| 日常生活における会話の反復を通して言葉を記憶し語彙を増やし、言語を習得する |

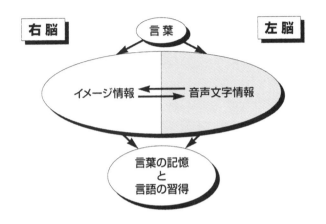

　以上の図式は、基本的な言葉と言語習得の流れですが、どの国のいかなる言葉でも、例外なく同じ方法で言語を習得していきます。当然、英語を母国語とするアメリカ人やイギリス人も同じです。

　では、次に日本人が従来行ってきた英語学習の方法について考えてみたいと思います。

日本人の従来の英語学習法

　私たちが中学校で英語を学習するとき、まずはじめに文法を学びます。五文型から始まり、平叙文、疑問文、命令文、時制、進行形……と進んでいきます。授業では、先生が教科書の英文を読み、一つ一つ解説を加えながら翻訳します。

たとえば「I have never spoken English.」という文章が出たとすると、「have spoken」は過去分詞で「話したことがある」となり、「never」があるので「一度も〜ない」、つまり「一度も話したことがない」となり、この文章の意味は「私は一度も英語を話したことがない」となる……。

おおよそ、以上のような形で講釈がなされ、授業が延々と続けられます。

文法を主体にした学習について

文法を解説し翻訳していく方法は、英語学習者にとって自然で当然の方法のように思えますが、実は、この方法が英語習得の足かせとなり、日本人を英語のできない国民にした原因となっているのです。

このことを理解するために、私たちが日本語を習得するときのことを考えてみてください。例えば「私は英語を話した」という表現を、以下のような方法で学習したとしたらどうなるでしょうか。

「話す」という動詞の五段活用は……
　　未然形＝(1)話さ──ナイ・レル　(2)話そ──ウ
　　連用形＝(1)話し──タイ・マス　(2)話し──タ

終止形＝話す

連体形＝話す──コト・トキ

仮定形＝話せ──バ

命令形＝話せ

「話し」は「話す」の連用形で、それに過去を表す助動詞「た」がついているから過去形を意味する。したがって「私は英語を話した」は「私は英語を話す」の過去を表現する。

　いかがですか。このようにして日本語を学習するとなると、あまりにも不自然です。もし私たちが、このような方法以外に日本語を学習できなかったとしたら、はたして現在のように日本語を流暢に話すことができたでしょうか。膨大な数の動詞・形容詞・助動詞の活用形を覚えることで、今も悲鳴をあげているにちがいありません。実は、私たちは英語の習得において、これに近い方法で学習してきたのです。

日本語と文法主体の学習の弊害

　では、なぜ英語を日本語に翻訳し、また文法を主体にした学習がいけないのでしょうか。「I have never spoken English.」という文章を通して説明してみたいと思います。

10

| "I have never spoken English." と先生が音読する |

| 教科書を見て、左脳で音声と文字情報を認識 |

| 先生による英語の説明を左脳で解釈し記憶する |

| 左脳で「私は一度も英語を話したことがない」と翻訳した日本語を認識する |

| 右脳を通して、日本語で英文の意味を理解する |

　英語を日本語に翻訳しながら学習すると、以上のような流れで脳に記憶されます。では、このような方法で英語を学習すると、「I have never spoken English.」という英語を耳にしたとき、脳はどのようにして言葉を認識するのでしょうか。

| 左脳で言葉を認識し、日本語で英語の解釈を始める |

| 「have＋過去分詞」の形だから現在完了、「never」があるから「経験」で、「一度もしたことがない」 |

> 左脳で「私は英語を一度も話したことがない」
> と日本語に翻訳する
>
> ↓
>
> 右脳でその意味を検索しイメージを出力し、
> 日本語で英語の意味を理解する

　説明がまわりくどく、わずらわしく感じたかもしれません が、これは非常に重要なポイントなのです。本来、音声（文字）情報が左脳で認識されると、即右脳で直観的にイメージを検索して文章の意味を理解します。日本人が「私は英語を一度も話したことがない」という内容を聞けば、そのまま「私は英語を一度も話したことがない」として理解します。アメリカ人が「I have never spoken English.」と聞けば「I have never spoken English.」と、そのまま理解するのです。

　ところが、文法を介在させて英語を解釈し学習すると、必ず論理的な経路をたどって英語を理解することになります。これでは言語の経路が非常に複雑になり、そのメカニズムが混乱してしまいます。また、本来の言語系統のメカニズムと異なったものになってしまいます。

　例えば、皆さんが何かを話そうと思った瞬間、日本語ならすぐ言葉になって表現できます。ところが、英語で話すとなったらどうでしょうか。簡単な表現ならそうでないかもしれませんが、もし複雑な表現だったら、次のようになりませんか。

まずはじめに日本語で文章を思い起こし、それを英語に翻訳しながら……、

「この表現は過去形にすべきなのか、現在完了にすべきなのか、どっちだろう？　……この動詞の過去分詞は不規則変化だったかなあ？　……それから前置詞はinだったかatだったか、それともonだったか？　……そして名詞の前にtheをつけるのかな？」と。

　どうですか？　皆さんはこのような経験はありませんか。これが、文法を中心とした日本語による英語学習の弊害なのです。**思いは即言葉に変換され、表現されなければなりません。また耳にした言葉は、即意味を理解しなければなりません。**

　したがって、英語を文法的思考を通して解釈したり、日本語に翻訳してから理解する限り、英語圏で人と会話をすることも、テレビを見ることも、映画を鑑賞することも、新聞を読むこともできません。英語の習得は永遠に不可能になります。

　語学学習の基本は、日本語は日本語で理解し、英語は英語で理解することです。「英語を日本語で考え理解する」従来の学習方法が、私たちを英語のできない国民にした元凶なのです。

リック式メソッドによる英語学習方法

　では、どのようにすれば、英語で考え、英語で理解し、英語で話すことができるようになるのでしょうか。まず、次ページの図表をご覧ください。

　図をご覧いただくとおわかりになると思いますが、従来の英語学習をしてきた私たちの脳は、言語回路の中で日本語と英語が混在しているのです。英語を正しくマスターするためには、それらを分離し、**日本語とは別の場所に英語の回路を新たに形成する必要があります。**

　言葉は単語と熟語、そして、そのつながりから成り立っています。ですから、単語と熟語、そして文型を覚えない限りは、言語のマスターはあり得ません。

　ところが英語学習の要になる英単語の暗記において、私たちは今まで、英語を日本語に対応させて覚えてきたのです。despair＝絶望する、retreat＝後退する、persuade＝説得する……などと。これでは左脳内に、わざわざ複雑な言語回路を率先して形成してきたようなものです。

　英単語・英熟語は英語のまま覚える、これがまず大前提です。

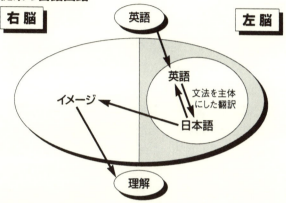

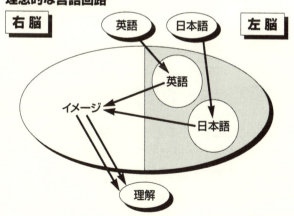

ところで文法についてですが、文法を学習すること
は、先ほどの説明のように、逆に英語習得の足かせに
なってしまいます。では文法を学習せずに、どうやって
英語を習得するのでしょうか。

　実は、日常会話に使われる文型、新聞や本における英
文の文型は、無限にあるわけではなく、基本的にはシン
プルで、数にも限りがあります。

　**その文型のパターンを文法的な解説なしに、無条件に
暗記してしまうのです。しかも英語のまま。**

　これが、日本に住み、日本語を十分に習得した私たち
が行える最善の方法なのです。そんなことが可能なのか
という疑問がわくでしょうが、次の英文をどう理解され
ますか。

　This is a pen. I love you. My name is Nishio.

　この文章を日本語に翻訳して理解しましたか。これ
は、英語をそのまま理解している一例です。多少労力が
かかっても、この方法を拡大し、文型をマスターし、そ
の数を増やしていくことが必要なのです。

　**このようにして、英単語を英語のまま暗記し、文型の
パターンを英語のまま暗記することによって、私たちの
脳に新しい英語の言語回路を、日本語から独立して形成
することができるのです。**

本書の利用法

まずは以下の文をご覧ください。

行く
行った
行くでしょう
行ってしまった
行ってください
行きたい
行きたかった
行こうと思う
行くことがある
行ってあげる
行かされた
行くかもしれない
行くつもりだ
行けばよかった
行けない
行けないことはない
行ってあげなさい
行くにこしたことはない
行ったらどうだ
行ったらしい

これらの内容は、小学生でもごく簡単に話せます。し
かし、これを英語で話すとなると、そう簡単ではありま
せん。しばらく考えたあとでなければ、口から出てきま
せん。

　なぜ簡単に表現できないかというと、先ほどからの理
由によりますが、そのほかにも、**私たちは今までトータ
ル的に、このような表現を反復し口に出す訓練をしてこ
なかったからなのです。** もし、私たちが上記の内容を英
語で話す訓練をすれば、これらに関しては、ためらうこ
となく話すことができるようになるでしょう。

　しかし、すべての英語を口に出して反復することは、
時間的余裕からいっても不可能です。ところが、それを
可能にする方法があります。それは、**英語表現の基本的
な文型をマスターすることです。基本文型をマスターす
れば、あとは単語を入れ替えるだけで、応用は無限に広
がります。** 前記の例文の「行く」という動詞を別の動詞
に入れ替えることを考えていただければ、すぐに納得で
きると思います。

　**この本は、あらゆる表現を可能にする基本的な文型の
パターンを編集したものです。中学・高校で学んだ文法
上のあらゆる表現を整理し、まとめました。** 覚えやすい
ように文章は最大限短くし、単語も極力簡単なものを使
用しました。合計で約1000の文型がありますが、**日常**

使用される英語表現のほとんどをカバーしています。したがって、これをマスターすれば、英語の語学レベルは飛躍的に上達することは間違いありません。

　そのためにも、一つ一つの文型を繰り返し反復し、覚えてください。本書の巻頭にチェックチャートが用意されていますので、40回を目安に、チェックしながら読み返してください。

　また英文の発声も用意しています。音声データの取得はPCやスマホからダウンロードできます。

※ダウンロードは本文の20ページ及び表紙の袖に記載された方法に従ってください。

　従来の暗記法では、読んで覚えるという視覚だけに頼る傾向にありました。しかしこのメソッドは英語を自由に使いこなすことが目的です。耳で英語の音声を聴き、口を使って発音するという、目・耳・口をバランス良く活用しながら英文法をマスターしてください。

　耳で英語の音声を聴いて、日本語に翻訳しなくても、英語のまま理解できるレベルまで繰り返してください。

　ちょうどI love you.を日本語に翻訳しなくても理解できるレベルになるのが目安です。

　文型は基礎の基礎です。どっしりと腰を据えて1年間かけるつもりで、このメソッドに取り組んでください。

注意：本書の英文における日本語訳は、理解できる範囲で英語の語順に並べ替えています。これは英語的発想を学ぶためであり、日本語で英文を覚えないためですので、ご了承ください。また、日本語訳はあくまで参考程度にとどめ、いつまでも頼りにしないように努めてください。

《音声データ　ダウンロードの方法》

本書の文型の音声は、パソコン・スマホ・
タブレット端末のいずれでも無料で
ご利用いただけます。
ダウンロードの詳細は、下記をご参照ください。

http://kklong.co.jp/eibunpou/

下のQRコードからもアクセスできます。

リック西尾

ヤバいくらい使える
英文法
1000

目 次

CONTENTS

リーディング チェック チャート 2

リック式メソッドの原理 4

《第1章　時制・命令文・感嘆文・受動態・助動詞》

❶時制…基本 28
❷時制…過去形/未来形 30
❸時制…will/shall 32
❹時制…現在完了形 34
❺時制…過去完了形/未来完了形 36
❻時制…進行形(現在/過去/未来) 38
❼時制…進行形
　　(現在完了/過去完了/未来完了) 40
❽命令文 42
❾感嘆文 44
❿受動態…基本 46
⓫受動態…応用 48
⓬受動態…感情表現など 50
⓭助動詞…can/be able to 52
⓮助動詞…may/might 54
⓯助動詞…must/have to 56
⓰助動詞…need/dare 58
⓱助動詞
　　…will/shall/would/shouldの特別用法 ... 60
⓲助動詞…その他 62

《第2章　不定詞・動名詞・分詞・分詞構文》
⑲不定詞…基本 ………………………………… 66
⑳不定詞…重要構文① …………………… 68
㉑不定詞…重要構文② …………………… 70
㉒不定詞…重要構文③ …………………… 72
㉓不定詞…注意すべき用法 …………… 74
㉔動名詞…用法 …………………………… 76
㉕動名詞…慣用表現 …………………… 78
㉖動名詞とto不定詞
　　…動名詞だけを目的語にとる動詞 … 80
㉗動名詞とto不定詞
　　…to不定詞だけを目的語にとる動詞 … 82
㉘動名詞とto不定詞…違う意味 …… 84
㉙分詞…限定用法 ……………………… 86
㉚分詞…叙述用法① …………………… 88
㉛分詞…叙述用法② …………………… 90
㉜分詞構文…基本 ……………………… 92
㉝分詞構文…その他 …………………… 94

《第3章　代名詞・不定代名詞・指示代名詞・
　　　　　関係代名詞・関係副詞・副詞・形容詞》
㉞代名詞…人称代名詞① ……………… 98
㉟代名詞…人称代名詞② …………… 100
㊱代名詞…再帰代名詞 ………………… 102
㊲不定代名詞…some/any/oneなど …… 104
㊳不定代名詞…another/otherなど ……… 106
㊴不定代名詞…all/both ……………… 108
㊵不定代名詞…either/neitherなど …… 110

㊶不定代名詞…something/somebody/someoneなど 112
㊷指示代名詞…this/that/suchなど 114
㊸関係代名詞…who/whichなど 116
㊹関係代名詞…thatの用法 118
㊺関係代名詞…whatの用法 120
㊻関係副詞…when/where/why/how 122
㊼複合関係詞…whoeverなど 124
㊽副詞…howの用法 126
㊾副詞…whyの用法 128
㊿副詞…when/whereの用法 130
(51)形容詞…数量形容詞 132
(52)形容詞…many/fewなどの用法 134
(53)形容詞…much/littleなどの用法 136
(54)形容詞…some/anyの用法 138

《第4章　比較・前置詞・接続詞》
(55)比較…原級 142
(56)比較…比較級 144
(57)比較…注意すべき用法① 146
(58)比較…注意すべき用法② 148
(59)比較…慣用句的表現 150
(60)比較…最上級 152
(61)比較…注意すべき用法③ 154
(62)比較…最上級を含む慣用句 156
(63)前置詞…時を表すat/in/onなど 158
(64)前置詞…時を表すby/for/sinceなど 160
(65)前置詞…場所を表すat/in/into 162
(66)前置詞…場所を表すon/upなど 164

㊻前置詞…場所を表すbehind/byなど ········ 166
㊼前置詞…場所を表すto/from/forなど ······ 168
㊽前置詞…その他の用法for/of ············· 170
㊾前置詞…その他の用法with/at ············· 172
㋐前置詞…その他の用法on/overなど ········ 174
㋑接続詞…and/but/or/nor ·················· 176

《第5章　仮定法・時制の一致・話法・否定》
㋒仮定法…仮定法過去 ···························· 180
㋓仮定法…仮定法過去完了 ······················ 182
㋔仮定法…注意すべき用法① ·················· 184
㋕仮定法…注意すべき用法② ·················· 186
㋖時制の一致① ····································· 188
㋗時制の一致② ····································· 190
㋘話法…直接話法と間接話法① ··············· 192
㋙話法…直接話法と間接話法② ··············· 194
㋚話法…代名詞と副詞の変化① ··············· 196
㋛話法…代名詞と副詞の変化② ··············· 198
㋜話法…話法の転換① ···························· 200
㋝話法…話法の転換② ···························· 202
㋞話法…話法の転換③ ···························· 204
㋟話法…話法の転換④ ···························· 206
㋠否定…notの用法 ······························· 208
㋡否定…not/never/neitherの否定構文 ···· 210
㋢否定…noの用法 ································· 212
㋣否定…部分否定と全体否定 ·················· 214
㋤否定…準否定 ····································· 216
㋥否定…注意すべき表現 ························· 218

第 1 章

時　制
命令文
感嘆文
受動態
助動詞

時制…基本

I **did** it yesterday.

I **will do** it tomorrow.

I **have done** it before.

I **had** already **done** it when you did it.

I **will have done** it by this time tomorrow.

I **am doing** it now.

I **was doing** it then.

I **will be doing** it then.

I **have been doing** it since this morning.

I **had** already **been doing** it when you did it.

I **will have been doing** it for five years next June.

1

do → did〈過去形〉 「〜した」	私は**した**　それを　昨日
will(shall)+動詞の原型〈未来形〉 「〜するでしょう」	私は**するでしょう**　それを　明日
have(has)+過去分詞〈現在完了〉 「〜してしまった」	私は**してしまった**　それを　前に
had+過去分詞〈過去完了〉 「(そのとき)〜してしまっていた」	私はすでに**してしまっていた**　それを　あなたがそれをしたとき
will(shall) have+過去分詞〈未来完了〉 「(そのときには)〜してしまっているだろう」	私は**してしまっているだろう**　それを　明日の今頃までに
be 〜ing〈現在進行形〉 「〜している」	私は**している**　それを　今
was(were) 〜ing〈過去進行形〉 「〜していた」	私は**していた**　それを　そのとき
will(shall) be 〜ing〈未来進行形〉 「〜しているだろう」	私は**しているだろう**　それを　そのとき
have(has) been 〜ing〈現在完了進行形〉 「(今まで)ずっと〜している」	私は**ずっとしている**　それを　けさから
had been 〜ing〈過去完了進行形〉 「(そのときまで)ずっと〜していた」	私はすでに**ずっとしていた**　それを　あなたがそれをしたとき
will(shall) have been 〜ing 〈未来完了進行形〉 「(そのときまで)ずっと〜しているだろう」	私は**ずっとしているだろう**　それを　5年間　次の6月で

時制…過去形/未来形

I **was** busy.

I **did** it last year.

I **often did** it.

I **used to do** it.

I **would often do** it.

I **never did** it.

I **will do** it.

I **won't (will not) do** it.

I **am going to do** it.

I **am going to do** it so.

I **am about to do** it.

2

was(were)~〈過去形(状態)〉 「~だった」	私は忙し**かった**
did~〈過去形(動作)〉 「~した」	私はそれを**した**　去年
often did~〈過去形〉 「よく~した」	私は**よくした**　それを
used to do~〈過去の習慣〉 「よく~したものだ」	私は**よくしたものだ**　それを
would often do~〈過去の習慣〉 「よく~したものだ」	私は**よくしたものだ**　それを
never did~〈過去形〉 「けっして~でない」	私は**けっしてしていない**　それを
will do~〈未来形〉 「~するでしょう」	私は**するでしょう**　それを
won't(will not) do~〈未来形〉 「~しないでしょう」	私は**しないでしょう**　それを
be going to+動詞原形〈未来形〉 「~しようとしている」	私は**しようとしている**　それを
be going to+動詞原形〈未来形〉 「~するつもりだ」	私は**するつもりです**　それを そのように
be about to+動詞原形〈未来形(近い未来)〉 「まさに~しようとしている」	私は**まさにしようとしている** それを

31

時制…will/shall

I **will** go there.

I **will not** go there.

Will I go there ?

You won't (will not) do what I say.

Shall I help you ?

Will you go there ?

Will you shut the door ?

Will you join us ?

Won't you join us ?

He **won't (will not)** meet me.

I shall return.

3

will+動詞原形〈主語の意志〉「〜するつもりだ」	私は行く**つもりだ** そこへ
will not+動詞原形〈未来の否定文〉「〜しないだろう」	私は行か**ないだろう** そこへ
Will+動詞原形+**?**〈未来の疑問文〉「〜するだろうか」	私は行く**だろうか** そこへ
You won't〜〈主語の意志〉「あなたは〜しようとしない」	**あなたはしようとしない** 私の言うことを
Shall I〜?〈相手の意志〉「私は〜しましょうか」	**私はお手伝いしましょうか** あなたを
Will you〜?〈意志〉「あなたは〜するつもりですか」	**あなたは行くつもりですか** そこへ
Will you〜?〈依頼〉「〜していただけますか」	閉めて**いただけますか** ドアを
Will you〜?〈勧誘〉「〜しませんか」	参加**しませんか** 私たちに
Won't you〜?〈勧誘〉「〜しませんか」	参加**しませんか** 私たちに
won't〜〈強い拒否の意志〉「どうしても〜しようとしない」	彼は**どうしても**会おう**としない** わたしに
I shall〜〈強い意志〉「私は絶対に〜」	**私は絶対に** 戻ってくる

33

時制…現在完了形

I **have just done** it.

I **have already done** it.

I **have lost** my key.

He **has gone** to America.

I **have been to** America.

I **have been in** America.

I **have been to** the station.

Have you **ever been to** America ?

I **have seen** it before.

I **have loved** you since you were a child.

I **have been** sick since last week.

4

have(has) **just**+過去分詞 「ちょうど〜したところだ」(完了)	私は**ちょうどしたところです** それを
have(has) **already**+過去分詞 「すでに〜してしまった」(完了)	私は**すでにしてしまった**　それを
have(has)+過去分詞 「〜してしまった」(結果)	私は**なくしてしまった**　私のカギ を
have(has)+過去分詞 「〜してしまった」(結果)	彼は**行ってしまった**　アメリカへ （今はアメリカにいる）
have(has) **been to**〜 「〜へ行ったことがある」(経験)	私は**行ったことがある**　アメリカ に
have(has) **been in**〜 「〜にいたことがある」(経験)	私は**いたことがある**　アメリカに
have(has) **been to**〜 「〜へ行ってきたところだ」(完了)	私は**行ってきたところです**　駅に
Have(has)…**ever been to**〜? 「かつて〜に行ったことがありますか」(経験)	あなたは**かつて行ったことがあり ますか**　アメリカに
Have(has)+過去分詞 「〜したことがある」(経験)	私は**見たことがある**　それを かつて
have(has)+過去分詞 「ずっと〜している」(継続)	私は**愛しています**　あなたを あなたが子供の頃から
have(has)+過去分詞 「ずっと〜である」(継続)	私は**ずっと病気である**　先週以来

35

時制…過去完了形/未来完了形

I **had just returned** home when you called me.

When I came, you **had already done** it.

When you came, I **had gone** to America.

I **had never done** it until I went to America.

Had you **ever done** it before ?

Until a little while ago I **had remembered** that word.

I **had been** busy when you came.

I sent her a love letter that I **had written** before.

I **will have done** it by this time tomorrow.

I **will have done** it three times if I do it again.

I **will have lived** here for ten years next April.

5

had just＋過去分詞〈過去完了〉 「(そのとき)ちょうど〜したところだった」(完了)	私は**ちょうど戻ったところだった** 家に あなたが電話をしたとき 私に
had already＋過去分詞〈過去完了〉 「(そのときまでに)すでに〜してしまっていた」(完了)	私が来たとき あなたは**すでにしてしまっていた** それを
had＋過去分詞〈過去完了〉 「(そのときには)〜してしまっていた」(結果)	あなたが来たとき 私は**行ってしまっていた** アメリカに
had never＋過去分詞〈過去完了〉 「(そのときまで)〜したことがなかった」(経験)	私は**したことがなかった** それを 私がアメリカに行くまでは
had ever＋過去分詞〈過去完了〉 「(そのときまでに)かつて〜したことがあった」(経験)	あなたは**かつてしたことがありましたか** それを それ以前に
had＋過去分詞〈過去完了〉 「(そのときまで)ずっと〜だった」(継続)	さっきまで 私は**ずっと覚えていた** その言葉を
had＋過去分詞〈過去完了〉 「(そのときまで)ずっと〜だった」(継続)	私は**ずっと忙しかった** あなたが来たときまで
had＋過去分詞〈過去完了〉 「(以前に)〜した」(大過去)	私はラブレターを彼女に送った 私が書いたものを 以前に
will(shall) have＋過去分詞〈未来完了〉 「(そのときには)〜してしまっているだろう」(完了・結果)	私は**してしまっているでしょう** それを 明日の今頃には
will(shall) have＋過去分詞〈未来完了〉 「(そのときまでに)〜したことになるだろう」(経験)	私は**したことになるだろう** それを3回 もし私がそれをすれば もう一度
will(shall) have＋過去分詞〈未来完了〉 「(そのときまで)〜していることになるだろう」(継続)	私は**住んでいることになるだろう** ここに10年間 次の4月で

37

時制…進行形（現在/過去/未来）

I **am listening** to the radio.

I **am** always **forgetting** his name.

I **am leaving** soon.

It **is going to** rain.

I **am going to** marry her.

How long **are** you **going to** stay here ?

I **was doing** my homework then.

I **was** always **playing** soccer.

I **was meeting** her at seven.

I **will be playing** soccer tomorrow.

I **will be coming** to see you tomorrow.

6

be ~ing〈現在進行形〉 「~している」(進行形の動作)	私は**聴いている** ラジオを
be ~ing〈現在進行形〉 「~してばかりいる」(反復的動作)	私は**忘れてばかりいる** 彼の名前を
be ~ing〈現在進行形〉 「~するでしょう」(近い未来の予定)	私は**発ちます** すぐ
be going to~〈現在進行形〉 「まさに~しようとしている」(近未来・ありそうなこと)	**まさに降ろうとしている** 雨が
be going to~〈現在進行形〉 「~するつもりである」(予定・意図)	私は**するつもりだ** 結婚を 彼女と
be going to~〈現在進行形〉 「~するつもりである」(予定・意図)	どのくらい あなたは滞在**するつもりですか** ここに
was(were) ~ing〈過去進行形〉 「~していた」(進行中の動作)	私は**していた** 宿題を そのとき
was(were) ~ing〈過去進行形〉 「~してばかりいた」(反復的動作)	私は**してばかりいた** サッカーを
was(were) ~ing〈過去進行形〉 「(そのときに)~しようとしていた」 (過去から見た近い未来)	私は**会う予定だった** 彼女に 7時に
will(shall) be ~ing〈未来進行形〉 「(未来のあるときに)~しているだろう」 (未来における進行形の動作)	私は**しているでしょう** サッカーを明日
will(shall) be ~ing〈未来進行形〉 「(未来のあるときに)~することになっている」 (近い未来の予定)	私は**来ることになっている** あなたに会いに 明日

39

時制…進行形（現在完了/過去

I **have been playing** soccer since one o'clock.

I **have been studying** English for five years.

He **has been talking** all day.

How long **have** you **been waiting** for him ?

It **has been raining** since last night.

I **had been watching** TV for two hours when you came home.

I **had been studying** for two hours before I went to bed.

He **had been waiting** there when you arrived.

I **will have been studying** English for five years next year.

I **will have been staying** there for a month next Sunday.

It **will have been snowing** for a week tomorrow.

完了/未来完了） **7**

have(has) been ~ing〈現在完了進行形〉「ずっと~しつづけている」	私は**ずっとしつづけている**　サッカーを　1時から
have(has) been ~ing〈現在完了進行形〉「ずっと~しつづけている」	私は**ずっと勉強をしつづけている**英語を　5年間
have(has) been ~ing〈現在完了進行形〉「ずっと~しつづけている」	彼は**ずっと話しつづけている**一日中
have(has) been ~ing〈現在完了進行形〉「ずっと~しつづけている」	どれだけ　あなたは**待ちつづけている**のですか　彼を
have(has) been ~ing〈現在完了進行形〉「ずっと~しつづけている」	**雨がずっと降りつづいている**昨晩から
had been ~ing〈過去完了進行形〉「(そのときまで)ずっと~しつづけていた」	私は**ずっと見つづけていた**　テレビを2時間　あなたが帰宅したときまで
had been ~ing〈過去完了進行形〉「(そのときまで)ずっと~していた」	私は**ずっと勉強をしていた**2時間　私は寝床に入るまで
had been ~ing〈過去完了進行形〉「(そのときまで)ずっと~していた」	彼は**ずっと待っていた**　そこであなたが到着したときまで
will(shall) have been ~ing〈未来完了進行形〉「(そのときまで)ずっと~していることになる」	私は**ずっと勉強していることになる**　英語を　5年間　来年で
will(shall) have been ~ing〈未来完了進行形〉「(そのときまで)ずっと~していることになる」	私は**ずっと滞在していることになる**そこに1ヵ月間　次の日曜日で
will(shall) have been ~ing〈未来完了進行形〉「(そのときまで)ずっと~していることになる」	**雪はずっと降りつづいていることになる**　1週間　明日で

41

命令文

Come here, Rick.

Sit down, please.

Don't come here.

Be kind to others.

Don't be noisy.

Never give up.

Never be lazy.

Let him wait for a minute.

Let me go with you.

Don't let him go there.

Do come again.

8

動詞の原形 「〜しなさい」（命令）	**来なさい** ここに リツク
動詞の原形 「〜してください」（依頼）	**座ってください** どうぞ
Don't〜 「〜してはいけない」（禁止）	**来てはいけない** ここに
Be〜 「〜しなさい」	**親切にしなさい** 他人に
Don't be〜 「〜してはならない」	**うるさくしてはならない**（騒ぐな）
Never〜 「けっして〜するな」（否定の命令を強める）	**けっしてあきらめるな**
Never be〜 「けっして〜であるな」（否定の命令を強める）	**けっして怠惰であるな**（怠けるな）
Let＋三人称目的格＋動詞の原形 「…に〜させなさい」	**彼を待たせなさい** ちょっとの間
Let＋一人称目的格＋動詞の原形 「私を〜させてください」	**私を行かせてください** あなたと一緒に
Don't let〜 「…をさせるな」	**彼を行かせるな** そこへ
Do＋動詞の原形 「ぜひ〜してください」（強い依頼）	**ぜひ来てください** もう一度

43

感嘆文

How beautiful you are !

How pretty this doll is !

How fast you run !

How well you cook !

How wonderful !

How tall !

What a beautiful woman you are !

What a pretty doll this is !

What a nice day it is today !

What a fool !

Oh, wonderful !

9

How+形容詞/副詞+S+V+! 形容詞/副詞を強める	なんて美しいのだろう あなたは
How+形容詞+S+V+! 形容詞を強める	なんてきれいなんだろう この人形は
How+副詞+S+V+! 副詞を強める	なんて速いんだろう あなたが走るのは
How+副詞+S+V+! 副詞を強める	なんて上手なんだろう あなたの料理は
How+形容詞+! 「S+V」の省略	なんて素晴らしいのだろう
How+形容詞+! 「S+V」の省略	なんて背が高いのだろう
What+a+形容詞+名詞+S+V+! 名詞を強める	なんて美しい女性だろう あなたは
What+a+形容詞+名詞+S+V+! 名詞を強める	なんてきれいな人形なんだろう これは
What+a+形容詞+名詞+S+V+! 名詞を強める	なんていい天気だろう 今日は
What+a+形容詞+! 「S+V」の省略	なんて馬鹿なんだろう
Oh,~! 「How/What」の省略	わあ~、素晴らしい

45

受動態…基本

A letter **is written** by me.

A letter **was written** by me.

A letter **will be written** by me.

A letter **is not written** by me.

Is a letter **written** by me ?

A letter **has been written** by me.

A letter **is being written** by me.

A letter **was being written** by me.

Who is the letter **written by** ?

By whom is the letter **written** ?

What is done by me ?

10

be+過去分詞〈現在の受動態〉 「〜される」	手紙は**書かれる** 私によって
was(were)+過去分詞〈過去の受動態〉 「〜された」	手紙は**書かれた** 私によって
will be+過去分詞〈未来の受動態〉 「〜されるでしょう」	手紙は**書かれるでしょう** 私によって
be+**not**+過去分詞〈否定文〉 「〜されない」	手紙は**書かれない** 私によって
be+**S**+過去分詞〈疑問文〉 「〜されますか」	手紙は**書かれますか** 私によって
have(has)+**been**+過去分詞〈現在完了〉 「〜されてしまった」	手紙は**書かれてしまった** 私によって
be+**being**+過去分詞〈現在進行形〉 「〜されている」	手紙は**書かれている** 私によって
was(were)+**being**+過去分詞〈過去進行形〉 「〜されていた」	手紙は**書かれていた** 私によって
Who+**be**+過去分詞+**by**〈疑問文〉 「誰によって〜されますか」	**誰によって** 手紙は **書かれますか**
By whom+**be**+過去分詞〈疑問文〉 「誰によって〜されますか」	**誰によって** 手紙は **書かれますか**
What+**be**+過去分詞+**by**〈疑問文〉 「何が〜されますか」	**何がなされますか** 私によって

受動態…応用

The gate **is opened** at seven a.m..

The gate **becomes opened**.

The gate **remains opened**.

The gate **must be opened**.

A full moon **can be seen** tonight.

I **am laughed at** by him.

I **am believed to be** a great artist.

I **am made to go** there by him.

Your book **must be closed**.

He **got killed** in an accident.

I **had my hat blown** off by the wind.

11

be+過去分詞〈動作受動態〉 「～される」	その門は**開けられる** 午前7時に
become+過去分詞〈動作受動態〉 「～されるようになる」	その門は**開けられるようになる**
remain+過去分詞〈動作受動態〉 「～されたままだ」	その門は**開けられたままだ**
must+**be**+過去分詞 「～されなければならない」	その門は**開けられ**なければならない
can+**be**+過去分詞 「～されることができる」	満月は**見られる**ことができる（満月を見ることができる） 今夜
be+過去分詞+前置詞 「～される」	私は**笑われる** 彼に
be+過去分詞+**to**不定詞 「～されている」	私は**信じられている** 偉大な芸術家として
be+**made**+**to**不定詞 「～させられる」	私は**行かされる** そこへ 彼によって
must+**be**+過去分詞 「～されねばならない」	本は**閉じられ**なければならない（本を閉じなければならない）
get+過去分詞 「～される」	彼は**殺された** 事故で（彼は事故で死んだ）
have+目的語+過去分詞 「～を…される」	私は**帽子を吹き飛ばされた** 風で

49

受動態…感情表現など

I **am amused at** the story.

I **am delighted at** her success.

I **am pleased with** her present.

I **am satisfied with** the results.

I **am interested in** her.

I **am surprised at** the news.

I **am disappointed in** her.

I **am discouraged by** the failure.

I **was born in** America.

I **was injured in** the accident.

I **am married to** an actress.

12

be amused at〜〈感情表現の受動態〉「〜をおもしろがる」	私は**おもしろがる** その話を
be delighted at〜〈感情表現の受動態〉「〜を喜ぶ」	私は**喜んでいる** 彼女の成功を
be pleased with〜〈感情表現の受動態〉「〜が気に入る」	私は**気に入る** 彼女のプレゼントが
be satisfied with〜〈感情表現の受動態〉「〜に満足する」	私は**満足している** その結果に
be interested in〜〈感情表現の受動態〉「〜に興味がある」	私は**興味がある** 彼女に
be surprised at〜〈感情表現の受動態〉「〜に驚く」	私は**驚く** その知らせに
be disappointed in〜〈感情表現の受動態〉「〜に失望する」	私は**失望する** 彼女に
be discouraged by〜〈感情表現の受動態〉「〜でがっかりする」	私は**がっかりする** その失敗で
was(were) born in〜〈慣用的な受動態〉「〜で生まれた」	私は**生まれた** アメリカで
be injured in〜〈慣用的な受動態〉「〜で怪我をする」	私は**怪我をした** 事故で
be married to〜〈慣用的な受動態〉「〜と結婚している」	私は**結婚している** 女優と

助動詞…can/be able to

Can you speak English ?

I could speak English.

I will be able to speak English.

You may be able to see him.

You can go home.

Can the rumor be true ?

It cannot be true.

Can you make me coffee ?

Could you tell me the way ?

I cannot help but get angry.

I cannot help getting angry.

13

can〜〈基本形〉 「〜できる」(可能・能力)	あなたは**話せますか**　英語を
could〜〈過去形〉 「〜できた」(可能・能力)	私は**話せた**　英語を
will be able to〜〈未来形〉 「〜できるようになるだろう」(可能・能力)	私は**話せるようになるだろう** 英語を
may be able to〜 「〜かもしれない」	あなたは会える**かもしれない** 彼に
can〜 「〜してよろしい」(許可)	あなたは**帰ってよろしい**　家に
Can〜? 「いったい〜だろうか」(強い疑い)	**いったい**　その噂は　本当だろう **か**
cannot〜 「〜のはずはない」(否定的な推定)	それは　本当である**はずがない**
Can you〜? 「〜してくれますか」(依頼)	**いれてくれますか**　私に　コー ヒーを
Could you〜? 「〜していただけますか」(丁寧な依頼)	**教えていただけますか**　私に 道を
cannot help but+原形不定詞 「〜せざるを得ない」(慣用表現)	私は**怒らざるを得ない**
cannot help 〜**ing** 「〜せざるを得ない」(慣用表現)	私は**怒らざるを得ない**

53

助動詞…may/might

May I smoke here ?

Yes, you **may** (smoke here).

No, you **may not** (smoke here).

Might I smoke here ?

The rumor **may** be true.

He **may** know my name.

He **might** succeed in the future.

May you succeed !

You **may well** get angry with her.

You **may as well** go there.

I **may as well** die **as** marry you.

14

May I~? 「〜してよいですか」(許可)	私はタバコを吸っても**よいですか** ここで
may~ 「〜してよい」(許可)	はい **いいです**
may not~(must not＝禁止) 「〜してはいけない」(不許可)	いいえ **いけません**
Might I~? 「〜してよろしいですか」(丁寧な表現)	私はタバコを吸っても**よろしいで すか** ここで
may~ 「〜かもしれない」(推量)	その噂は 真実**かもしれない**
may~ 「〜かもしれない」(推量)	彼は知っている**かもしれない** 私の名前を
might~ 「ひょっとしたら〜かもしれない」(推量)	彼は**ひょっとして** 成功する**かも しれない** 将来
May~! 「〜しますように」(祈願)	あなたが成功**しますように**
may well~ 「〜するのはもっともだ」(慣用表現)	あなたが怒るのは**もっともだ** 彼女に
may as well~ 「〜したほうがよい」(慣用表現)	あなたは行った**ほうがよい** そこ へ
may(might) as well~as… 「…するくらいなら〜するほうがましだ」	私は死んだ**ほうがましだ** 結婚す るくらいなら あなたと

55

助動詞…must/have to

I **must** go there.

I **have to** go there.

I **had to** go there.

I **will have to** go there.

Must I go there ?

No, you **don't have to** (go there).

You **must not** go there.

You **must** be a genius.

You **must have known** it.

You **have only to** go there.

You **have got to** go there.

15

must~ 「～しなければならない」(必要・義務)	私は行か**なければならない** そこへ
have to~＝must~ 「～しなければならない」(必要・義務)	私は行か**なければならない** そこへ
had to~〈過去〉 「～しなければならなかった」(必要・義務)	私は行か**なければならなかった** そこへ
will have to~ 「～しなければならないだろう」(必要・義務)	私は行か**なければならないだろう** そこへ
Must I~? 「～しなければなりませんか」(必要・義務)	私は行か**なければなりませんか** そこへ
don't have to~＝need not~ 「～する必要はありません」	いいえ あなたは その**必要はありません**
must not~ 「～してはいけません」(禁止)	あなたは行って**はいけません** そこへ
must~ 「～にちがいない」(推定)	あなたは天才**にちがいない**
must have＋過去分詞 「～したにちがいない」	あなたは**知っていたにちがいない** それを
have only to~ 「～しさえすればよい」(慣用表現)	あなたは行き**さえすればよい** そこへ
have got to~＝have to~ 「～しなければならない」(慣用表現)	あなたは行か**なければならない** そこへ

57

助動詞…need/dare

Need I go there ?

Do I need to go there ?

Yes, you **must** (go there).

No, you **need not** (go there).

You **do not need to** go there.

You **need not have gone** there.

I **dare** speak to her.

Dare you go there ?

I **dare not** go there.

How dare you go there ?

How dare you laugh at me ?

16

Need I~?〈疑問文〉 「私は~する必要がありますか」	私は行く**必要があります**か そこへ
Do I need to~?〈疑問文〉 「私は~する必要がありますか」	私は行く**必要があります**か そこへ
must~ 「~する必要がある」(**need**の疑問形に対して)	はい あなたは行か**なければなりません**
need not~〈否定文〉 「~する必要はない」	いいえ あなたは行く**必要はありません**
do not need to~〈否定文〉 「~する必要はない」	あなたは行く**必要はない** そこへ
need not have+過去分詞 「~する必要はなかった」	あなたは**行く必要はなかった**そこへ
dare~ 「思い切って~する」	私は**思い切って話す** 彼女に
Dare~? 「あえて~する勇気がありますか」	あなたは**あえて行く勇気があります**か そこへ
dare not~ 「あえて~する勇気はない」	私は**あえて行く勇気はない** そこへ
How dare you~? 「よくもおまえは~できるね」(非難・怒りを表す)	**よくもおまえは行ける**ね そこへ
How dare you~? 「よくもおまえは~できるね」(非難・怒りを表す)	**よくもおまえは笑った**な 私を

59

助動詞…will/shall/would/

I **will** have my own way.

The door **will not** open.

Accidents **will** happen.

This book **would** be yours.

I **would** often go there.

He **would not** listen to me.

Would you lend me your book ?

I would like to go there.

What **shall I** do ?

You **should** go there.

You **should have gone** there.

should の特別用法 17

will~ 「どうしても~しようとする」(固執・主張)	私は**どうしても** 思うとおりに**する**
will not~ 「どうしても~しようとしない」(固執・主張)	そのドアは**どうしても** 開か**ない**
will~ 「とかく~しがちである」(習慣・傾向)	事故は起こり**がちなものだ**
would~ 「~だろう」(推量)	この本はあなたの**だろう**
would~ 「よく~したものだった」(過去の習慣)	私は**よく行ったものだ** そこへ
would not~ 「~しようとしなかった」(過去の拒否)	彼は聞こう**としなかった** 私の話を
Would you~? 「~していただけますか」(丁寧な表現)	貸して**いただけますか** あなたの本を
I would like to~ 「~したいのですが」	**私は行きたいのですが** そこへ
shall I~? 「~しましょうか」	**私は何をしましょうか**
should~ 「~すべきである」(義務)	**あなたは行くべきだ** そこへ
should have＋過去分詞 「~すべきだったのに」	あなたは**行くべきだったのに**そこへ

61

助動詞…その他

I **used to go** to church.

There **used to be** a church here.

I **used to live** in the country.

I **am used to going** there.

You **ought to** trust me.

You **ought to have trusted** me.

He **ought to** arrive here by noon.

He **ought to have arrived** by noon.

I **am to** go to America next month.

What **am** I **to** do next ?

You **had better** go there right now.

18

used to＋動詞の原形 「以前は〜するのが常だった」	私は**以前は行くのが常だった** 教会に
used to＋状態動詞の原形 「以前は〜であった」	**以前は教会があった** ここに
used to＋状態動詞の原形 「以前は〜であった」	私は**以前は住んでいた** 田舎に
be used to 〜ing 「〜するのに慣れている」	私は**行くのに慣れている** そこへ
ought to〜 「〜すべきだ」（義務・当然）	あなたは**信じるべきだ** 私を
ought to have＋過去分詞 「〜すべきだったのに」	あなたは**信じるべきだったのに** 私を
ought to〜 「〜のはずだ」（推定）	彼は**着くはずだ** ここに 正午までに
ought to have＋過去分詞 「当然〜していたはずだ」	彼は当然**着いていたはずだ** 正午までに
be to〜 「〜することになっている」（予定）	私はアメリカに行く**ことになっている** 来月
be to〜 「〜しなければならない」（義務）	私は何を**すべきか** 次に
had better〜 「〜したほうがいい」	あなたは行った**ほうがいい** そこへ 今すぐに

第 2 章

不定詞
動名詞
分　詞
分詞構文

不定詞…基本

To teach is **to learn**.

I want **to go** to America.

My hope is **to live** in America.

I am not a man **to break** my promise.

Please give me something **to drink**.

I have no friend **to play** with.

I work hard **to support** my family.

I am glad **to see** you.

You grew up **to be** a pretty woman.

You are a wise man **to solve** the problem.

I would be glad **to see** you again.

19

to＋動詞の原形〈名詞的用法〉 「〜すること」（主語）	**教えることは　学ぶこと**である
to＋動詞の原形〈名詞的用法〉 「〜すること」（目的語）	私は望んでいる　**行くこと**を アメリカに
to＋動詞の原形〈名詞的用法〉 「〜すること」（補語）	私の望みは**住むこと**である　アメ リカに
to＋動詞の原形〈形容詞的用法〉 「〜するような」	私は男ではない　約束を**破るよう な**
to＋動詞の原形〈形容詞的用法〉 「〜するための」	どうぞください　私に何かを **飲むための**
to＋動詞の原形〈形容詞的用法〉 「〜するための」	私は友達をもっていない　**遊ぶた めの**
to＋動詞の原形〈副詞的用法〉 「〜するために」（目的）	私は一生懸命に働く　私の家族を **養うために**
to＋動詞の原形〈副詞的用法〉 「〜して」（原因）	私はうれしい　あなたに**会えて**
to＋動詞の原形〈副詞的用法〉 「〜した結果…になる」（結果）	あなたは成長**して**　美しい女 **になった**
to＋動詞の原形〈副詞的用法〉 「〜するとは」（判断の根拠）	あなたは賢い男だ　その問題を **解くとは**
to＋動詞の原形〈副詞的用法〉 「〜なら」（条件）	私はうれしいのですが　あなたに **会えたら**　もう一度

67

不定詞…重要構文①

Tell me **when to** open the gate.

I forgot **where to** get on the train.

I do not know **what to** do next.

I know **how to** use the computer.

Tell me **which** way **to** go.

It is good **to** have a lot of friends.

It is not easy **to** master English.

It is necessary **for** me **to** go to college.

It is natural **for** you **to** oppose me.

It is kind **of** you **to** help me.

It is foolish **of** you **to** do such a thing.

20

when to〜 「いつ〜すべきか」	教えてください　**いつ開けるべき** **か**　門を
where to〜 「どこで〜すべきか」	私は忘れた　**どこで乗るべきか** 電車に
what to〜 「何を〜するべきか」	私はわからない　**何をするべきか** 次に
how to〜 「〜の方法」	私は知っている　**使う方法を** コンピューターを
which〜to… 「どの〜を…すべきか」	教えてください　**どの道を行く** **べきか**
It〜to…〈形式主語〉 「…することは〜である」	**それは**いいことだ　たくさんの友 達を持つ**ことは**
It〜to…〈形式主語〉 「…することは〜である」	**それは**やさしくない　英語を習得 する**ことは**
It〜for A to… 「Aが…することは〜である」	**それは**必要だ　**私が**大学に行く **ことは**
It〜for A to… 「Aが…することは〜である」	**それは**当然だ　**あなたが**私に反対 する**ことは**
It〜of A to… 「Aが…することは〜である」	**それは**親切だ　**あなたが**私を助ける **ことは**（助けていただいてありがとう）
It〜of A to… 「Aが…することは〜である」	**それは**馬鹿なことだ　**あなたが** そんなことをする**ことは**

69

不定詞…重要構文②

I **want** you **to** come to my room.

I **ask** her **to** wash the dishes.

I **order** you **to** get out of here.

I **advise** you **to** study hard.

I **expect** you **to** help me.

I **promised** her **to** come back at seven.

She **seems to** love me.

She **appears to** have a boyfriend.

I **happened to** meet her there.

I **am to** meet her today.

You **are to** marry her.

21

want~to… 「~に…してもらいたい」	私はあなた**に**来て**もらいたい** 私の部屋に
ask~to… 「~に…するよう頼む」	私は彼女**に頼む** お皿を洗う**よう**
order~to… 「~に…するよう命じる」	私はあなた**に**出ていく**よう命じる** ここから
advise~to… 「~に…するよう忠告する」	私はあなた**に**勉強**するよう忠告する** 一生懸命に
expect~to… 「~に…することを期待する」	私はあなた**に**援助してくれる**ことを期待する** 私に
promise~to… 「~に…すると約束する」	私は彼女に帰る**と約束した** 7時に
seem+to+動詞の原形 「~のように思われる」	彼女は私を愛している**ようだ**
appear+to+動詞の原形 「~のように見える」	彼女はボーイフレンドがいる**ようだ**
happened+動詞の原形 「たまたま~した」	私は**たまたま**会った 彼女とそこで
be+to+動詞の原形 「~することになっている」	私は会う**ことになっている** 彼女に今日
be+to+動詞の原形 「~しなければならない」	あなたは結婚**しなければならない** 彼女と

71

不定詞…重要構文③

I am **too** fat **to** move,

This book is **too** difficult for me **to** read.

I am strong **enough to** carry a piano.

You are old **enough to** understand this.

He was **so** careless **as to** tumble.

I **am glad to** hear that.

I **am certain to** marry her.

It **is likely to** rain.

I **am sorry to** trouble you.

I **am ready to** start.

I **am ready to** help you.

22

too~to… 「あまりにも~なので…できない」	私は太り**すぎだ** 動く**には** （私は太りすぎで動けない）
too~to… 「…するには~すぎる」	この本は難し**すぎる** 私にとって 読む**には** （この本は難しすぎて私には読めない）
~enough to… 「…できるほどに~だ」	私は力持ちだ ピアノを運ぶことが **できるほどに**
~enough to… 「…できるほどに~だ」	あなたは年だ これが理解**できるほどに** （あなたはこのことがわかっていい年だ）
so~as to… 「…するほどに~」	彼は不注意**だった** 転ぶ**ほどに** （彼は不注意にも転んだ）
be glad to~ 「~してうれしい」	私は聞い**てうれしい** それを （それはよかったですね）
be certain to~ 「必ず~する」	私は**必ず**結婚**する** 彼女と
be likely to~ 「~しそうである」	雨が降り**そうである**
be sorry to~ 「してすみません」	**すみません** あなたに迷惑を**かけて**
be ready to~ 「~する用意ができている」	私は出発**する用意ができている**
be ready to~ 「喜んで~する」	私は**喜んで**援助**します** あなたを

不定詞…注意すべき用法

He **seems to be** rich.

He **seemed to be** rich.

He **seems to have been** rich.

He **seemed to have been** rich.

He **seems to be** study**ing** now.

You can go out if you **want to**.

He is kind **to be sure**.

To tell the truth, I don't like her.

To be frank (with you), I love you.

To make a long story short, I got fired.

To begin with, you are too young.

23

seem to be~ 「~らしい」	彼は金持ち**らしい**
seemed to be~ 「~らしかった」	彼は金持ち**らしかった**
seem to have been~ 「~だったらしい」	彼は金持ち**だったらしい**
seemed to have been~ 「~だったらしかった」	彼は金持ち**だったらしかった**
seem to be~ing〈進行形〉 「しているようだ」	彼は勉強を**しているようだ** 今
want to go out→want to 同じ動詞の繰り返しを避ける	あなたは外出できる もし あな たが**したければ**
to be sure 「確かに」	彼は親切だ **確かに**
to tell the truth 「本当のことを言うと」	**本当のことを言うと** 私は好きで ない 彼女を
to be frank(with you) 「率直に言うと」	**率直に言うと** 私は愛している あなたを
to make a long story short 「かいつまんで言うと」	**かいつまんで言うと** 私は首に なった
to begin with 「まず第一に」	**まず第一に** あなたは若すぎる

動名詞…用法

Speaking English is difficult for me.

My hobby is **collecting** stamps.

I like **playing** with children.

I **thought of visiting** the museum.

I **am proud of being** rich.

I **was proud of being** rich.

I regret **having sold** my car.

I regretted **having sold** my car.

I denied **having known** the plan.

I am ashamed of **being scolded** by my teacher.

I am ashamed of **having been scolded** by my teacher.

24

~ing＋V 主語になる動名詞	英語を**話すことは**難しい　私にとって
S＋V＋~ing 補語になる動名詞	私の趣味は**集めること**　切手を
S＋V＋~ing 目的語になる動名詞	私は好きだ　**遊ぶことが**　子供たちといっしょに
thought of~ing 「～することを思いついた」	私は**思いついた**　訪ねることを　博物館を
be proud of being~ 「～であることを誇りに思う」	私は**誇りに思う**　金持ちであることを
was(were) proud of being~ 「～であることを誇りに思っていた」	私は**誇りに思っていた**　金持ちであることを
having＋過去分詞 〈動名詞の完了形〉	私は後悔する　**売ったことを**　私の車を
having＋過去分詞 〈動名詞の完了形〉	私は後悔した　**売ってしまったことを**　私の車を
having＋過去分詞 〈動名詞の完了形〉	私は否定した　**知っていたことを**　その計画を
being＋過去分詞 〈受動態の単純形〉	私は恥じる　**叱られることを**　私の先生に
having＋been＋過去分詞 〈受動態の完了形〉	私は恥じる　**叱られたことを**　私の先生に

77

動名詞…慣用表現

Be careful **in** choos**ing** your girlfriend.

It is no use(good) lov**ing** her.

I **cannot help** lov**ing** her.

She is **worth** lov**ing** forever.

Would you mind send**ing** me your picture ?

I am **look**ing **forward to** see**ing** her.

I **make a point of** dat**ing** her once a week.

I **feel like** kiss**ing** her.

On meet**ing** her, I kissed her.

I **cannot** meet her **without** kiss**ing**.

There is no break**ing** up with her.

25

in～ing 「～するときに」	気をつけなさい　選ぶ**ときに**　あなたの彼女を
It is no use(good)～ing 「～しても無駄だ」	愛しても無駄だ　彼女を
cannot help～ing 「～せずにはいられない」	私は愛さずにはいられない　彼女を
worth～ing 「～する価値がある」	彼女は愛する価値がある　永遠に
Would you mind ～ing+? 「～していただけませんか」	送っていただけませんか　私にあなたの写真を
look forward to～ing 「～することを楽しみに待つ」	私は会うことを楽しみに待っている　彼女に
make a point of ～ing 「必ず～することにしている」	私は**必ず**デート**することにしている**　彼女と　1週間に一度
feel like～ing 「～したい気がする」	私はキスをしたい気がする　彼女に
On～ing 「～するとすぐ」	彼女に会うとすぐ　私はキスをした　彼女に
cannot…without～ing 「～することなしに…できない」	私は彼女に会うことはできない　キスすることなしに(私は彼女と会うと必ずキスする)
There is no～ing 「～することはとてもできない」	別れることはとてもできない　彼女と

79

動名詞とto不定詞…動名詞だけ

I **stop** reading the book.

I **finish** reading the book.

I **enjoy** reading the book.

I **miss** reading the book.

I **give up** reading the book.

I **dislike** reading the book.

I **avoid** reading the book.

I **consider** reading the book.

I **repented** reading the book.

I **admitted** reading the book.

Do you **mind** reading the book ?

を目的語にとる動詞　26

(○)**stop ~ing**　(×)**stop to~** 「するのをやめる」	私は**やめる**　読むことを　その本を
(○)**finish ~ing**　(×)**finish to~** 「~することを終える」	私は**終える**　読むことを　その本を
(○)**enjoy ~ing**　(×)**enjoy to~** 「~することを楽しむ」	私は**楽しむ**　読むことを　その本を
(○)**miss ~ing**　(×)**miss to~** 「~しそこなう」	私は読み**そこなう**　その本を
(○)**give up ~ing**　(×)**give up to~** 「~することをあきらめる」	私は**あきらめる**　読むことを その本を
(○)**dislike ~ing**　(×)**dislike to~** 「~することを好まない」	私は**好まない**　読むことを　その 本を
(○)**avoid ~ing**　(×)**avoid to~** 「~することを避ける」	私は**避ける**　読むことを　その本を
(○)**consider ~ing**　(×)**consider to~** 「~しようかとよく考える」	私は**よく考える**　読もうかと その本を
(○)**repent ~ing**　(×)**repent to~** 「~したことを後悔する」	私は**後悔した**　読んだことを その本を
(○)**admit ~ing**　(×)**admit to~** 「~することを認める」	私は**認めた**　読んだことを　その 本を
(○)**mind ~ing**　(×)**mind to~** 「~するのを嫌がる」(疑問文・否定文)	あなたは**嫌がりますか**　読むことを　その 本を(その本を読んでかまいませんか)

81

動名詞と to 不定詞…to 不定詞

I **plan to** go there.

I **expect to** go there.

I **mean to** go there.

I **want to** go there.

I **decided to** go there.

I **promise to** go there.

I **pretended to** go there.

I **agree to** go there.

I **offer to** go there.

I **refuse to** go there.

I **ask** you **to** go there.

だけを目的語にとる動詞 27

(○)**plan to~** (×)**plan ~ing** 「するつもりです」	私は行くつもりです そこへ
(○)**expect to~** (×)**expect ~ing** 「~するつもりです」	私は行くつもりです そこへ
(○)**mean to** (×)**mean ~ing** 「するつもりです」	私は行くつもりです そこへ
(○)**want to~** (×)**want ~ing** 「~したい」	私は行きたい そこへ
(○)**decide to~** (×)**decide ~ing** 「~しようと決心する」	私は行こうと決心した そこへ
(○)**promise to~** (×)**promise ~ing** 「~すると約束する」	私は行くと約束する そこへ
(○)**pretend to~** (×)**pretend ~ing** 「~するふりをする」	私は行くふりをした そこへ
(○)**agree to~** (×)**agree ~ing** 「~することに同意する」	私は行くことに同意する そこへ
(○)**offer to~** (×)**offer ~ing** 「~しようと申し出る」	私は行こうと申し出る そこへ
(○)**refuse to~** (×)**refuse ~ing** 「~することを拒む」	私は行くことを拒む そこへ
(○)**ask to~** (×)**ask ~ing** 「~してくださいと頼む」	私はあなたに頼む そこへ行くことを

83

動名詞とto不定詞…違う意味

I **stopped** talk**ing** to her.

I **stop to** talk to her.

I **tried** diet**ing**.

I **tried to** diet.

I **forget** call**ing** her.

I **forget to** call her.

Don't forget to call her.

I **remember** mail**ing** the letter.

I **remember to** mail the letter.

I **regret telling** her the truth.

I **regret to tell you** that I cannot come.

28

stop~ing
「～するのをやめる」

私は話かける**のをやめた**　彼女に

stop to~
「～するために立ち止まる」

私は話しかける**ために立ち止まる**
彼女に

try~ing
「ためしに～してみる」

私は**ためしに**ダイエット**してみた**

try to~
「～しようと努める」

私はダイエット**しようと努めた**

forget~ing
「～したことを忘れる」(過去のこと)

私は電話した**ことを忘れる**　彼女に

forget to~
「～することを忘れる」(未来のこと)

私は電話**することを忘れる**　彼女に

Don't forget to~
「～するのを忘れるな」(未来のこと)

電話する**のを忘れるな**　彼女に

remember~ing
「～したことを覚えている」(すでに済んだこと)

私は出した**ことを覚えている**
手紙を

remember to~
「～するのを忘れていない」(これからのこと)

私は出す**ことを忘れていない**
手紙を

regret telling~
「～を話したことを後悔している」

私は**話したことを後悔している**
彼女に　本当のことを

I regret to tell you~
「遺憾ながら～」

遺憾ながら　私は行けません

85

分詞…限定用法

a **sleeping** baby

a baby **sleeping** in the car

a man **driving** a car

a man **reading** a book over there

the sun **rising** above the horizon

a **broken** toy

a toy **broken** by a dog

a **wounded** soldier

a soldier **wounded** in battle

a famous artist **known** all over the world

a mountain **covered** with snow

29

~**ing**（現在分詞）＋名詞 「〜している」（能動的）	**寝ている**赤ちゃん
名詞＋~**ing**（現在分詞） 「〜している」（能動的）	車のなかで**寝ている**赤ちゃん
名詞＋~**ing**（現在分詞） 「〜している」（能動的）	車を**運転している**男
名詞＋~**ing**（現在分詞） 「〜している」（能動的）	本を**読んでいる**男　あそこで
名詞＋~**ing**（現在分詞） 「〜している」（能動的）	**昇っている**太陽　地平線の上を
過去分詞＋名詞 「〜された」（受動的）	**壊れた**おもちゃ
名詞＋過去分詞 「〜された」（受動的）	犬に**壊された**おもちゃ
過去分詞＋名詞 「〜された」（受動的）	**傷つけられた**兵士（負傷兵）
名詞＋過去分詞 「〜された」（受動的）	戦いで**傷ついた**兵士
名詞＋過去分詞 「〜された」（受動的）	世界中に**知られた**有名な芸術家
名詞＋過去分詞 「〜された」（受動的）	雪に**おおわれた**山

分詞…叙述用法①

I stood **crying**.

I came **crying**.

I kept **crying**.

I sat **reading** a book.

I remained **standing**.

The house kept **shaking**.

I sat **surrounded** by men.

I went out **unobserved**.

I became **excited**.

She looked **disappointed**.

The door remained **closed**.

30

S+V+~ing 「〜して／〜しながら」	私は立っていた **泣いて**
S+V+~ing 「〜して／〜しながら」	私は来た **泣きながら**
S+V+~ing 「〜して／〜しながら」	私は**泣きつづけた**
S+V+~ing 「〜して／〜しながら」	私は座っていた 本を**読みながら**
S+V+~ing 「〜して／〜しながら」	私は**立った**ままだった
S+V+~ing 「〜して／〜しながら」	家は**揺れ**つづけた
S+V+過去分詞 「〜されて」	私は座っていた 男性に**囲まれて**
S+V+過去分詞 「〜されて」	私は出ていった **気づかれずに**
S+V+過去分詞 「〜されて」	私は**興奮させられてきた**(興奮してきた)
S+V+過去分詞 「〜されて」	彼女は**失望させられている**(失望している)ように見えた
S+V+過去分詞 「〜されて」	ドアは**閉められた**ままだった

89

分詞…叙述用法②

I heard you **calling** me.

I saw you **running away**.

I left the baby **crying**.

I kept you **waiting** for an hour.

I heard my name **called**.

I feel you **loved** by him.

I saw your wallet **stolen**.

I had my watch **repaired**.

I have the room **cleaned**.

I will have the room **cleaned**.

I had the room **cleaned**.

31

S+V+O+~ing 「…が〜しているのを—」	私は聞いた　あなたが私を**呼んでいるのを**
S+V+O+~ing 「…が〜しているのを—」	私は見た　あなたが**逃げていくのを**
S+V+O+~ing 「…に〜させておく」	私はさせておいた　その赤ちゃんを　**泣かせたままに**
S+V+O+~ing 「…に〜させておく」	私はあなたを**待たせておいた**　1時間
S+V+O+過去分詞 「…が〜されるのを—」	私は聞いた　私の名前が**呼ばれるのを**
S+V+O+過去分詞 「…が〜されるのを—」	私は感じる　あなたが**愛されるのを**　彼に
S+V+O+過去分詞 「…が〜されるのを—」	私は見た　あなたの財布が**盗まれるのを**
S+V+O+過去分詞 「…を〜させる」	私は時計を**修理させた**
S+V+O+過去分詞 「…を〜してもらう」	私はその部屋を**掃除してもらう**
S+V+O+過去分詞 「…を〜してもらう」	私はその部屋を**掃除してもらおう**
S+V+O+過去分詞 「…を〜してもらう」	私はその部屋を**掃除してもらった**

分詞構文…基本

Entering the room, I saw the guy.

Walking the street, I met her.

Seeing the accident, I began to cry.

Being kind, I am loved by him.

Playing the piano, I didn't hear the bell.

Living in America, I couldn't meet her.

Not knowing what to say, I remained silent.

Reading the newspaper, I had lunch.

Taking off my coat, I began to work.

Turning to the right, you'll find the bank.

Admitting what you say, I still think I am right.

32

Entering～ 「～に入ると(～に入るとき)」	部屋に入ると　私は見た　奴を
Walking～ 「～を歩いていたとき」	道を**歩いていたら**　私は会った 彼女と
Seeing～ 「～を見ると」	事故を**見ると**　私は泣きだした
Being～ 「～なので」	親切**なので**　私は愛される　彼に
Playing～ 「～を弾いていたので」	ピアノを**弾いていたので**　私は聞 こえなかった　ベルが
Living～ 「～に住んでいたので」	アメリカに**住んでいたので**　私は 会えなかった　彼女と
Not knowing～ 「～がわからなかったので」	何と言っていいか**わからなかった ので**　私は黙っていた
Reading～ 「～を読みながら」	新聞を**読みながら**　私は昼食を とった(食べた)
Taking off～ 「～を脱いで」	コートを**脱いで**　私は始めた 仕事を
Turning to～ 「～に曲がれば」	右に**曲がれば**　あなたは見えます 銀行が
Admitting～ 「～を認めるが」	あなたの言うことを**認めるが** でも私は思う　私が正しいと

分詞構文…その他

Left alone, the girl began to cry.

Written in English, the book is hard to read.

Having locked the door, I went to bed.

Having lived in America, I have American friends.

Never having seen her before, I didn't know who she was.

The weather **being** nice, I went to the park.

The sun **having** set, I returned home.

Frankly speaking, I don't like this.

Generally speaking, mothers are strong.

Judging from the sky, it looks like rain.

Considering his age, he is quite healthy.

33

(being+)過去分詞〈受動態の分詞構文〉「〜されると」	一人に**されると** 少女は泣きだした
(being+)過去分詞〈受動態の分詞構文〉「〜されているので」	英語で**書かれているので** その本は読むのが難しい
Having＋過去分詞〈完了形の分詞構文〉「〜してから」	ドアに**鍵をかけてから** 私は寝た
Having＋過去分詞〈完了形の分詞構文〉「〜していたので」	アメリカに**住んでいたので** 私は持っている アメリカ人の友達を
Never having＋過去分詞〈完了形分詞構文の否定形〉「〜しなかったので」	**会ったことがなかったので** 彼女と以前 私はわからなかった 彼女が誰か
意味上の主語＋現在分詞〈独立分詞構文〉「〜が…なので」	天候**がよかったので** 私は行った 公園に
意味上の主語＋現在分詞〈独立分詞構文〉「〜が…なので」	太陽**が**沈んだ**ので** 私は戻った 家に
Frankly speaking〈慣用表現〉「率直に言えば」	**率直に言えば** 私は好きでない これを
Generally speaking「一般的に言って」	**一般的に言って** 母親は強い
Judging from〜「〜から判断すると」	空模様**から判断すると** 雨になりそうだ
Considering〜「〜を考えると」	彼の年**を考えると** 彼はまったく健康だ

95

第3章

代名詞
不定代名詞
指示代名詞
関係代名詞
関係副詞
副　詞
形容詞

代名詞…人称代名詞①

We get a lot of snow in February.

You must respect older people.

They speak English in America.

They say, "This winter will be very cold."

How are we this morning?

We must not tell lies, son.

What time is it?

It is two o'clock.

It is time to go to bed.

It is a long time since she died.

It is Sunday today.

34

we 「人々」	たくさんの雪が降る 2月には
you 「人々」(**we**に比べて親しみの感情が強い)	（**人々は**）尊敬しなければならない 年寄りを
they 「人々」	（**人々は**）話す 英語を アメリカ では
They say～ 「～だそうだ」	この冬はとても寒い **そうだ**
we 親しみをこめて(医者が患者に、など)	気分はどうですか 今朝の
we 親心、親しみをこめて	嘘を言っちゃいけないよ 坊や
it 時間を表す	何時ですか
it 時間を表す	2時です
it 時間を表す	寝る時間です
it 時間を表す	だいぶたつ 彼女が亡くなってから
it 曜日を表す	日曜日です 今日は

99

代名詞…人称代名詞②

It was rainy yesterday.

It is hot today.

It is spring.

How far is **it** from here to the hotel ?

It is about two miles.

It is dark in the room.

Whose turn is **it** next ?

How is **it** with her ?

That's **it**.

It is all over with us.

It is kind of you.

35

it 天候を表す	雨だった　昨日は
it 寒暖を表す	暑い　今日は
it 季節を表す	春です
it 距離を表す	どのくらいの距離がありますか ここからホテルまで
it 距離を表す	およそ2マイルです
it 明暗を表す	暗い　その部屋は
it 慣用的に用いる	誰の番ですか　次は
it 慣用的に用いる	具合はいかがですか　彼女の
it 慣用的に用いる	そうだ　そこだ
it 慣用的に用いる	もうダメだ　我々は
it 慣用的に用いる	あなたは親切である （ご親切にありがとう）

代名詞…再帰代名詞

Behave yourself.

I **enjoy myself** at concerts.

He **killed himself**.

Please **make yourself at home**.

He lives all **by himself** in a hut.

I built a house **for myself**.

The door shut **by itself**.

Making money is not evil **in itself**.

You have the room **to yourself**.

I am **beside myself** with joy.

He **himself** came to see me.

36

behave oneself
「行儀よくする」

行儀よくしなさい

enjoy oneself
「楽しむ」

私は**楽しむ**　コンサートを

kill oneself
「自殺する」

彼は**自殺した**

make yourself at home
「お楽にしてください」

どうぞ**お楽にしてください**

by oneself
「一人で／独力で」

彼は住む　まったく**一人で**　小屋に

for oneself
「自分で／独力で」

私は建てた　家を　**自分で**

by itself
「ひとりでに／自然に」

ドアは閉まった　**ひとりでに**

in oneself
「それ自体は」

金儲けは悪いことではない　**それ自体は**

to oneself
「一人占めに」

あなたは持っている　その部屋を
一人占めに（部屋を独占している）

be beside oneself
「我を忘れる」

私は**我を忘れる**　喜びで

oneself
「自分で」(強意用法)

彼は**自分で**来た　私に会いに

103

不定代名詞…some/any/one

I have **some** American coins.

Did you do **some** work last night ?

Would you like **some** coffee ?

Do you have **any** money with you ?

I don't want **any** of these books.

You may take **any** of the books.

Any child knows that.

"Do you have a book ?" "Yes, I have **one**."

I have many watches, but I want better **ones**.

No one goes.

None of them go.

など　　　　　　　　　**37**

some 「いくつか(の)」(肯定文)	私は持っている　**いくつかの**アメリカのコインを
some 「いくらか(の)」 (肯定の答えを期待する疑問文)	あなたはしましたか　**いくらかの**仕事を　昨夜
some 「いくらか(の)」(勧誘の疑問文)	飲みませんか　**いくらかの**コーヒーを
any 「いくらか(の)」(疑問文)	あなたはお持ちですか　**いくらかの**お金を
any 「どれも」(否定文)	私は欲しくない　これらの本の**どれも**
any 「どんな〜でも」(肯定文)	あなたは取っていい　**どんな本でも**
any 「どんな〜でも」(肯定文)	**どんな子供でも**　知っているそのことを
one(=**book**) 前に出された名詞(単数)の代わりに用いる	「あなたは持っていますか　本を」 「はい　持っています」
ones(=**watches**) 前に出された名詞(複数)の代わりに用いる	私は持っている　たくさん時計を　しかし　私は欲しい　もっといい**もの**が
no one〜 「誰も〜ない」(単数)	**誰も**行くものは**ない**
none of …〜 「…のうち誰も(何も)〜でない」(複数)	彼らのうち　**誰も**行くものは**ない**

105

不定代名詞…another/other

Give me **another** cup of coffee.

I don't like this camera. Show me **another**.

Show me some **other** cameras.

I have two balls. **One** is white, and **the other** is black.

I have three balls. **One** is white, **another** is black, and **the other** is red.

I like **this**, but I don't like **the other**.

Some people like him, but **others** don't.

Some of students can speak English, but **the others** can't.

My sons talked to **each other**.

They laughed at **one another**.

The audience went away **one after another**.

など

38

another 「もう一つの」	ください私に **もう1杯の**コーヒーを
another 「別の(もの)」	私は好きではありません このカメラは 見せてください 私に **別のを**
other 「他の(もの)」	見せてください 私に **他の**カメラも
one～the other… 「一つは～もう一つは…」	私は持っている 二つのボールを **一つは**白で **もう一つは**黒です
one～another…the other— 「一つは～もう一つは…残りの一つは—」	私は持っている 三つのボールを **一つは**白で **もう一つは**黒で **残りの一つは**赤です
this～the other… 「こっちは～向こうは…」	私は好きだ **これは** でも私は嫌いだ **向こうは**
some～others… 「～もあれば…もある」	彼を好きな人**もいれば** 好きでない人**もいる**
some～the others… 「いくつかは～残り全部は…」	生徒の**何人かは**話せるが 英語を しかし **残りの者は**話せない
each other 「お互いに」(原則として二人の間で)	息子たちは話しあった **お互いに**
one another 「お互いに」(原則として3人以上の間で)	彼らは笑った **お互いに**
one after another 「次々に」	聴衆は去っていった **次々に**

107

不定代名詞…all/both

All of them can speak English.

They **all** can speak English.

All are happy now.

All is over with him.

Not all of them are members.

Both of us can speak English.

We **both** can speak English.

Both my daughters are beautiful.

My daughters are **both** beautiful.

I do**n't** want **both** these watches.

Not both of them are coming.

39

all 「すべて」	彼らの**すべては**話せる　英語を
all 「すべて」	彼ら**すべてが**話せる　英語を
all 「すべての人々」(複数扱い)	**みんな**幸せです　今は
all 「すべてのもの(こと)」(単数扱い)	**すべてのものは**終わりだ　彼に とって(彼はもう終わりだ)
not all 「すべて〜というわけではない」(部分否定)	彼らは**すべて**メンバー**というわけ ではない**
both 「どちらも／二人とも」	私たちの**どちらも**話せる　英語を
both 「どちらも／二人とも」	私たちは**どちらも**話せる　英語を
both 「どちらも／二人とも」	私の娘は**どちらも**　美しい
both 「どちらも／二人とも」	私の娘は　**どちらも**美しい
not〜both 「どちらとも〜というわけではない」(部分否定)	私は**どちらとも**欲しい**わけではな い**　これらの時計の
not both 「どちらとも〜というわけではない」(部分否定)	彼らは**二人とも**　来る**わけではな い**

不定代名詞…either/neither

Either my wife **or** I am coming.

"Which do you want ?" "**Either** will do."

If you do not go, I will **not** go, **either**.

Neither lady is beautiful.

Neither of the sisters plays the piano.

Neither you **nor** I am wrong.

I have **neither** money **nor** power.

"I cannot swim." "**Neither** can I."

Each student has a book.

Every student has a book.

Not every student has a book.

など

40

either A or B 「AかBかどちらか一方」	私の妻か私かどちらか一方が まいります
Either 「(二つのうち)どちらでも」	「どちらが欲しいですか」「**どちら** **でも**」
not～either(tooの否定形) 「…も～しない」	もしあなたが行かなければ 私も 行き**ません**
neither 「どちらの～も…でない」(単数扱い)	**どちらの**女性も 美しく**ない**
neither 「どちらも～でない」(単数扱い)	その姉妹は**どちらも** ピアノが弾 け**ない**
neither A nor B 「AもBも～でない」	あなた**も**私**も** 間違っていない
neither A nor B 「AでもなければBでもない」	私は金**もなければ** 力**もない**
neither 「～もまた…でない」	「私は泳げない」「私**も**です」
each 「おのおの/それぞれ」(単数扱い)	生徒は**おのおの**本を持っている
every 「どの～も」(単数扱い)	**どの**生徒**も**本を持っている
not every 「すべての～が…であるというわけではない」(部分否定)	**すべて**の生徒が本を持っている **というわけではない**

III

不定代名詞…something/some

I have **something** to tell you.

I don't have **anything** to tell you.

I have **nothing** to tell you.

I know **everything** about you.

There is **somebody** at the door.

Someone came into the room.

I didn't see **anybody**.

I saw **nobody**.

I am **anything but** a genius.

If anything you looked young.

I **have nothing to do with** that story.

body/someoneなど **41**

something 「何か」(ふつう肯定文で)	私は持っている　あなたに話す**何か**を(お話ししたいことがある)
anything 「何か」(否定文・疑問文)	私は持っていない　あなたに話す**何か**を(何も話したいことはない)
nothing 「何も～でない」(=not anything)	私は**何も**持って**いない**　あなたに話すことを(何も話したいことはない)
everything 「あらゆること」	私は**あらゆること**を知っているあなたについて
somebody 「誰か」(ふつう肯定文で)	**誰か**がいる　ドアのところに
someone 「誰か」(ふつう肯定文で)	**誰か**が入った　部屋のなかに
anybody 「誰も」(否定文・疑問文)	私は見なかった　**誰も**
nobody 「誰も～ない」	私は**誰も**見なかった
anything but～ 「けっして～ではない」	私は**けっして**天才**ではない**
if anything～ 「どちらかと言えば～」	**どちらかと言えば**　あなたは若く見えた
have nothing to do with～ 「～と何の関係もない」	私は**何の関係もない**　その話と

113

指示代名詞…this/that/such

He advised me to go there.
This I did at once.

Answer me **this**. Did you go there ?

I love her, and **that** is my trouble.

The climate here is like **that** of California.

Heaven helps **those who** help themselves.

"This is too expensive." "I don't think **so**."

Are you tired ? If **so**, you may stay here.

You shouldn't ask **such** a stupid question.

I have never seen **such** a beautiful woman
as you.

She is **such** a beautiful woman **that** she is
loved by everyone.

I am not **such** a fool **as to** believe you.

など

42

this =to go there	彼は忠告した 私に そこへ行く ように **それを**私にした すぐに
this =Did you go there ?	答えなさい 私に **これから言うこと を** あなたは行きましたか そこへ
that =I love her.	私は愛している 彼女を そして **それが**私の悩みの種だ
that=the climate 同一語の繰り返しを避ける	ここの気候は似ている カリフォ ルニアの**それ**(気候)と
those who~ 「~の人々」	天は助ける 自ら助ける**者を**
so 「そのように」	「これは高すぎる」「私は思いません **そのように**」
so 「そうである」	あなたは疲れていますか もし**そうであ るなら** 泊まっていいですよ ここに
such 「そのような」	あなたは尋ねるな **そのような** 馬鹿げた質問を
such~as… 「…のような~」	私は見たことがない あなた**のよ うな**美しい女性を
such~that… 「たいへん~なので…」	彼女は**たいへん**美人**なので** 彼女 は愛される みんなに
such~as to… 「…するような~」	私は馬鹿ではない あなたを信じ **るような**

115

関係代名詞…who/whichなど

the girl **who** lives in America

the girl **whose** parents are dead

the girl **whom** you kissed

I know the woman **who** wrote the book.

I know a woman **whose** father is an artist.

The woman **whom** I love is American.

I bought a car **which** is red.

Look at the house **whose** roof is red.

This is the house **which** I bought.

the house **which** stands on the hill

the house **whose** window I broke

43

who=that 主格whoのあとに動詞	少女 アメリカに住んでいる**ところ の**
whose 所有格whoseのあとに無冠詞の名詞	少女 両親が亡くなった**ところの**
whom=that 目的格whomのあとに「S+V」	少女 あなたがキスした**ところの**
who=that 主格whoのあとに動詞	私は知っている その女性を その本を書いた**ところの**
whose 所有格whoseのあとに無冠詞の名詞	私は知っている その女性を お 父さんが芸術家である**ところの**
whom=that 目的格whomのあとに「S+V」	私が愛する**ところの** その女性は アメリカ人です
which=that 「物・動物」+主格which	私は買った 車を 赤色であると **ころの**
whose 「物・動物」+所有格whose	見なさい その家を 屋根が赤で ある**ところの**
which=that 「物・動物」+目的格which	これは家です 私が買った**ところ の**
which=that 「物・動物」+主格which	家 丘の上に立っている**ところの**
whose 「物・動物」+所有格whose	家 私が窓を割った**ところの**

117

関係代名詞…**that**の用法

This is **the most** interesting book **that** I have ever read.

You are **the prettiest** woman **that** I have ever seen.

Every word **that** I said has a deep meaning in it.

I want to read **all** the books **that** you have.

The first thing **that** you must do is to love her.

You are **the only** woman **that** I love.

This is **the last** letter **that** you gave me.

This is **the same** camera **that** I lost yesterday.

I will give you **everything that** I have.

Who is the woman **that** is in the restaurant ?

Who that really knows him can believe him ?

44

先行詞が「**the**＋最上級〜」の場合 **that**を用いる	これは**最もおもしろい本です**　私が今まで読んだ**ところの**
先行詞が「**the**＋最上級〜」の場合 **that**を用いる	あなたは**最高に美しい女性です**　私が今まで見た**ところの**
先行詞が**every**の場合 **that**を用いる	私が言った**ところの**すべての言葉は　深い意味を持っている
先行詞が**all**の場合 **that**を用いる	私は読みたい　**すべての本を**　あなたが持っている**ところの**
先行詞が**the first**の場合 **that**を用いる	あなたがしなければならない**ところの**最初のことは　彼女を愛することだ
先行詞が**the only**の場合 **that**を用いる	あなたは**唯一の女性だ**　私が愛する**ところの**
先行詞が**the last**の場合 **that**を用いる	これは**最後の手紙です**　あなたが私にくれた**ところの**
先行詞が**the same**の場合 **that**を用いる	これは**同じカメラだ**　私が昨日なくした**ところの**
先行詞が**everything**の場合 **that**を用いる	私はあげよう　あなたに　**すべてを**　私が持っている**ところの**
先行詞が疑問詞**who**の場合 **that**を用いる	その女性は**誰ですか**　レストランにいる**ところの**
先行詞が疑問詞**who**の場合 **that**を用いる	本当の彼を知っている**ところの者**は**誰が**彼を信じることができるか

119

関係代名詞…whatの用法

What you said is quite true.

Do **what** you want to do.

This is **what** I want.

You have made me **what I am**.

I am not **what I used to be**.

I will give **what little money** I earned.

He is **what you call** a gentleman.

You are **what is called** a bookworm.

She is healthy, and **what is better**, beautiful.

I lost my money, and **what is worse**, my honor.

What with reading **and** writing, I got tired.

45

what=the thing which 「こと」	あなたの言った**こと**は まったく本当です
what=the thing which 「こと」	しなさい あなたがしたい**こと**を
what=the thing which 「もの」	これは私が欲しい**もの**です
what I am 「今の自分」	あなたは **今の自分**に 私をしてくれた（今ある自分はあなたのおかげです）
what I used to be=what I was 「昔の自分」	私は**昔の自分**ではない
what+名詞=all the～that… 「…のところのすべての～」	私はあげよう **なけなしのすべてのお金**を 私が稼いだ
what you(we/they)call 「いわゆる～」	彼は **いわゆる**紳士である
what is called～ 「いわゆる～」	あなたは **いわゆる**本の虫だ
what is better 「さらによいことに～」	彼女は健康だし **さらによいことに**美人だ
what is worse 「さらに悪いことに～」	私はお金をなくした **さらに悪いことに** 名誉も
what with A and B～ 「AやらBやらで」	読書やら執筆やらで 私は疲れた

関係副詞…when/where/

Monday is **the day when** I am very busy.

I remember **the day** (**when**) I first met you.

This is the town **where** I was born.

This is **where** I found the key.

Tell me **the reason why** you didn't come.

That is **why** I got angry.

The reason (**why**) you cried is evident.

Show me **how** you solved the problem.

I like **the way** you smile.

I worked till noon, **when** I had lunch.

I went to the park, **where** I lost my wallet.

why/how **46**

when 「時」+**when**	月曜日は**その日**です 私が非常に 忙しい**ときの**
whenの省略 先行詞が「時」の場合（口語的）	私は覚えている **その日を** 私が 初めてあなたに会った（**ときの**）
where 「場所」+**where**	これが町です 私が生まれた**ところ** **の**
where 先行詞**the place**の省略（口語的）	ここです 私がその鍵を見つけた **ところの**
why **the reason**+**why**	話しなさい **その理由を** あなた が来なかった**ところの**
why 先行詞**the reason**の省略（口語的）	それです 私が怒った**わけは**
whyの省略 先行詞は**the reason**	**その理由は** あなたが泣いた**とこ** **ろの** 明らかだ
how 「方法・手段」	教えてください **どのようにして** 解いたのか その問題を
the way=**how** 「方法・手段」	私は好きです あなたが微笑む **しかたが**
when=**and then** 「そしてそれから」	私は働いた 正午まで **そしてそ** **れから** 私は昼食をとった
where=**and there** 「そしてそこで」	私は行った 公園に **そしてそこ** **で**私はなくした 私の財布を

123

複合関係詞…whoeverなど

I will welcome **whoever** comes.

Whoever wants the book may have it.

I'll tell you **whatever** I know.

You can eat **whatever** you like.

You may take **whichever** you like.

Use my car **whenever** you like.

I'll follow you **wherever** you go.

Whoever comes, I won't see him.

Whatever happens, I won't change my mind.

However rich you may be, I don't love you.

You can use it, **whenever** you come.

47

whoever=**anyone who** 「〜する人は誰でも」	私は歓迎します　来る**人は誰でも**
whoever=**anyone who** 「〜する人は誰でも」	その本が欲しい**人は誰でも**　もらえる　それを
whatever=**anything that** 「〜することは何でも」	私は話します　あなたに　私が知っている**ことは何でも**
whatever=**anything that** 「〜するものはどれでも」	あなたは食べることができます　あなたが好きな**ものはどれでも**
whichever=**either thing that** 「〜するものはどちらでも」	あなたは取ってよろしい　あなたが好きな**ものはどちらでも**
whenever=**at any time when** 「〜するときはいつでも」	使ってください　私の車を　あなたが好きな**ときはいつでも**
wherever=**to any place where** 「〜するところはどこでも」	私はついていきます　あなたに　あなたが行く**ところはどこでも**
whoever=**no matter who** 「誰が〜しようとも」	**誰が**来よう**とも**　私は会わない　その人に
whatever=**no matter what** 「どんなことが〜しようとも」	**どんなことが**起きよう**とも**　私は変えない　私の気持ちを
however=**no matter how** 「どんなに〜でも」	**どんなに**あなたが金持ち**でも**　私は愛さない　あなたを
whenever=**no matter when** 「いつ〜しようとも」	あなたはそれを使うことができます　**いつ**あなたが来よう**とも**

125

副詞…how の用法

How old are you ?

How many books do you have ?

How much milk do you drink ?

How much is this ?

How tall are you ?

How high is this building ?

How long is this river ?

How long are you going to stay in America ?

How far is it from here to the station ?

How often do you go to America ?

How come you are so late ?

48

How old~? 「年齢」	年はいくつですか あなたは
How many~? 「数」	何冊の本を あなたは持っていますか
How much~? 「量」	どれだけのミルクを あなたは飲みますか
How much~? 「金額」	いくらですか これは
How tall~? 「身長」	どれだけの身長ですか あなたは
How high~? 「高さ」	どれだけの高さですか このビルは
How long~? 「長さ」	どれほどの長さですか この川は
How long~? 「期間」	どれほど長くあなたは滞在するのですか アメリカに
How far~? 「距離」	どのくらいの距離ですか ここから駅までは
How often~? 「回数」	何回 あなたは行きますか アメリカに
How come~? 「どうして~?」(**Why~?**より口語的)	どうして あなたはそんなに遅いの

副詞…why の用法

Why do you like English ?

Because it is interesting.

Why do you go to America ?

To shop.

I don't know **why** she said that.

I want to know **why**.

"I can't go there." "**Why not** ?"

"Let's play soccer." "**Why not** ?"

"May I sit here ?" "**Why not** ?"

Why don't you sit here ?

Why don't we go ?

49

Why~? 「どうして~」	どうして あなたは好きなの 英語を
Because~ 「なぜなら~」(Whyに対して)	**なぜなら** それはおもしろいから
Why~? 「どうして~」	どうして あなたは行くの アメリカに
To~ 「~するために」(Whyに対して)	買い物する**ために**
why~ 「なぜ~」	私はわからない **なぜ** 彼女がそう言ったのか
why 「なぜなのか」	私は知りたい **なぜなのか**
Why not? 「どうしてなの」	「私は行けない そこへ」「**どうしてなの**」
Why not? 「うん やろう」	「サッカーをしよう」「**うん やろう**」
Why not? 「ええ どうぞ」	「坐っていいですか ここに」「**ええどうぞ**」
Why don't you~? 「~してはどうですか」	座ったら**どうですか** ここに
Why don't we? 「いっしょに~しませんか」	**いっしょに**行きませんか

129

副詞…when/where の用法

When is your birthday ?

When did you see him ?

I don't know **when** he will come.

Sunday is the day **when** I go to church.

I got home at seven, **when** it began to rain.

Sunday is **when** I am free.

Where do you live ?

I know **where** you live.

Where did I go wrong ?

I walked to **where** you were waiting.

Where there's smoke, there's fire.

50

When~? 「いつ~」	**いつですか** あなたの誕生日は
When~? 「いつ~」	**いつ**あなたは会いましたか　彼と
when~ 「いつ~」	私はわからない　**いつ**彼が来るのか
when~ 「~するところの」	日曜日はその日です　私が教会に行く**ところの**
when~ 「するとそのとき~」	私は家に着いた　7時に　**するとそのとき**雨が降りはじめた
when~ 「~であるところのとき」	日曜日は　である　私が自由で**あるところのとき**
Where~? 「どこに~」	**どこに**あなたは住んでいるのですか
where~ 「どこに~」	私は知っている　**どこに**あなたが住んでいるか
Where~? 「どんな点で~」	**どんな点で**　私は間違っていたのか
where~ 「~するところの場所」	私は歩いていった　あなたが待っている**ところの場所**に
Where~ 「~するところの場所」	煙のある**ところに**　火がある〈火のないところに煙は立たない〉

131

形容詞…数量形容詞

I have **a book**.

I have **a few** books.

I have **some** books.

I have **a lot of** books.

I don't have **many** books.

I don't have **any** books.

I have **a little** water.

I have **some** water.

I have **a lot of** water.

I don't have **much** water.

I don't have **any** water.

51

a book 「一冊の本」	私は持っている　1冊の本を
a few〜 「少しの〜」(数えられるもの)	私は持っている　少しの本を
some〜 「いくらかの〜」(数えられるもの)	私は持っている　いくらかの本を
a lot of〜 「たくさんの〜」(肯定文)	私は持っている　たくさんの本を
many〜 「たくさんの〜」(おもに疑問文・否定文)	私は持っていない　たくさんの本を
any〜 「少しの〜もない」(疑問文・否定文)	私は持って**いない**　少しの本も
a little〜 「少量の〜」(数えられないもの)	私は持っている　少量の水を
some〜 「いくらかの量の〜」(数えられないもの)	私は持っている　いくらかの量の水を
a lot of〜 「たくさんの量の〜」(肯定文)	私は持っている　たくさんの量の水を
much〜 「たくさんの量の〜」(おもに疑問文・否定文)	私は持っていない　たくさんの量の水を
any〜 「いくらかの量の〜もない」(疑問文・否定文)	私は持って**いない**　いくらかの量の水も

形容詞…many/few などの用

I have **a good many** books.

I have **a great many** books.

I have **a number of** books.

I have **a large number of** books.

I have **a great number of** books.

I have **as many** books **as** you have.

I have **a few** books.

I have **few** books.

I have **not a few** books.

I have **only a few** books.

I have **quite a few** books.

法 52

a good many~ 「かなり多くの~」	私は持っている　かなり多くの本を
a great many~ 「非常に多くの」	私は持っている　非常に多くの本を
a number of~ 「たくさんの~」	私は持っている　たくさんの本を
a large number of~ 「非常にたくさんの~」	私は持っている　非常にたくさんの本を
a great number of~ 「非常にたくさんの~」	私は持っている　非常にたくさんの本を
as many A as B 「**B**と同じくらいの数の**A**」	私は持っている　同じくらいの数の本を　あなたが持っているのと
a few~ 「少しの~」（肯定文）	私は持っている　少しの本を
few~ 「ほとんどない~」	私は持っていない　ほとんど本を
not a few~ 「少なからぬ~」	私は持っている　少なからぬ本を
only a few~ 「ほんの少しの~」	私は持っている　ほんの少しの本を
quite a few~ 「かなり多くの~」	私は持っている　かなり多くの本を

135

形容詞…much/little などの

I have **much** money.

I have **a great deal of** money.

I have **a good deal of** money.

I have **a little** money.

I have **little** money.

I have **as much** money **as** you have.

I do**n't** have **so much** money **as** you think.

I ca**n't so much as** write my own name.

I have **so much** to do today.

So much for today.

This **is too much for** me.

用法 53

much~ 「たくさんの~」	私は持っている　たくさんのお金を
a great deal of~ 「たくさんの~」	私は持っている　大金を
a good deal of~ 「たくさんの~」	私は持っている　大金を
a little~ 「少しの~」	私は持っている　少しのお金を
little~ 「ほとんど~ない」	私は持ってい**ない**　ほとんどお金を
as much A as B 「**B**と同じだけの**A**」	私は持っている　同じだけのお金を　あなたが持っている**のと**
not so much A as B 「**B**ほど**A**でない」	私は持ってい**ない**　お金を　あなたが考える**ほど**
not so much as~ 「~すらしない」	私は書くこと**すら**できない　私の名前を
so much~ 「たくさんの~」	私は持っている　たくさんすることを　今日
so much for 「~についてはこれだけ」	**これでおしまい**　今日は
be too much for~ 「~にとって多すぎる」	これは**多すぎる**　私にとって

137

形容詞…some/any の用法

I have **some** pens.

Give me **some** water, please.

Will you have **some** coffee ?

Some boy broke the window.

There are **some** forty people in the room.

Give me **some more** water.

Do you have **any** pens ?

I don't have **any** water.

if you have **any** water

Any questions ?

Any child knows that.

54

some~ 「いくつかの~」(肯定文)	私は持っている **いくつかのペン**を
some~ 「いくらかの~」(肯定文)	ください 私に **いくらかの水を**どうぞ
some~ 「いくらかの~」(肯定の答えを期待)	いかがですか **いくらかのコー**ヒーは
some~ 「ある~」	**ある**少年が割った 窓ガラスを
some~ 「およそ~」	**およそ40人**がいる 部屋のなかに
some more~ 「もう少し~」	ください **もう少し** 水を
any~ 「いくらかの~」(疑問文・否定文)	あなたは持っていますか **いくら**かのペンを
any~ 「いくらかの~も」(疑問文・否定文)	私は持っていない **いくらかの水**も
any~ 「いくらかの~」(ifで始まる節)	もしあなたが持っているなら **い**くらかの水を
any~ 「何か~」	**何か**質問は(質問ありませんか)
any~ 「どんな~でも」(肯定文)	**どんな**子供**でも**知っている それを

139

第4章

比　較
前置詞
接続詞

比較…原級

I am **as** old **as** you.

I can run **as** fast **as** you.

I am not **as** rich **as** you.

I ca**n't** cook **as** well **as** you.

I am **as** good **a** teacher **as** you.

You must be **as** kind **as** you **can**.

You must be **as** kind **as possible**.

I have **two times as** much money **as** you have.

I am **not so much** a writer **as** an artist.

I work **as** hard **as anybody**.

You are **as** beautiful **as ever**.

55

as＋原級＋**as** 「と同じ〜」	私は**同じ年齢です** あなた**と**
as＋原級＋**as** 「と同じくらい〜」	私は走れる **同じくらい速く** あなた**と**
not as＋原級＋**as** 「と同じほど〜でない」	私は**同じほど金持ちでない** あなた**と**
not as＋原級＋**as** 「と同じほど〜でない」	私は料理を**同じほどうまくできない** あなた**と**
as＋原級＋**a**＋名詞＋**as** 「と同じほど〜」	私は**同じほどいい先生である** あなた**と**
as＋原級＋**as one can** 「できるだけ〜」	あなたは でなければならない **できるだけ親切**
as＋原級＋**as possible** 「できるだけ〜」	あなたは でなければならない **できるだけ親切**
two times as＋原級＋名詞＋**as**〜 「〜の２倍の」	私は持っている **２倍のお金**を あなたが持っている
not so much A as B 「AというよりはB」	私は作家**というよりは** 芸術家だ
as＋原級＋**as anybody** 「誰にも劣らず〜」	私は働く 一生懸命に **誰にも劣らず**
as＋原級＋**as ever** 「相変わらず〜」	あなたは美人である **相変わらず**

143

比較…比較級

I am older **than** you.

I am older than you **by two years**.

I ran faster **than** you.

This box is **much** heavier than that one.

This room is a **little** larger than that room.

You are smaller **than** I, but you are stronger (**than** I).

I feel much better today (**than** before).

I love her **more than I love you**.

I love her **more than you love her**.

I am **more** shy **than** quiet.

I am lazy **rather than** foolish.

56

比較級＋**than** 「よりも〜」	私は年上だ　あなた**よりも**
by two years 「2歳だけ」	私は年上だ　あなたより　**2歳だけ**
比較級＋**than** 「よりも〜」	私は速く走る　あなた**よりも**
much〜 比較級を強める	この箱は**ずっと重い**　それより
little〜 比較級を強める	この部屋は**少し広い**　そちらの部屋より
than〜 省略	あなたは小さい　私**よりも**　しかしあなたは強い（私**よりも**）
than〜 省絡	私は気分がずっとよい　今日は（以前よりも）
more than I love you 「私があなたを愛するよりも」	私は彼女を愛する　**私があなたを愛するよりも**
more than you love her 「あなたが彼女を愛するよりも」	私は彼女を愛する　**あなたが彼女を愛するよりも**
more A than B 「**B**というよりはむしろ**A**」	私は**より恥ずかしがり屋だ**　おとなしい**というよりは**
A rather than B 「**B**というよりはむしろ**A**」	私は**より怠け者だ**　馬鹿**というよりは**

145

比較…注意すべき用法①

I am **the** taller **of the two**.

Nothing is **more** precious **than** love.

It is **no bigger than** a matchbox.

I am **no stronger than** you.

You are **no better than** the devil.

I have **no more than** ten dollars.

I have **not more than** ten dollars.

I have **no less than** a million dollars.

I have **not less than** a million dollars.

I can speak French, but **much more** English.

I cannot speak English, **much less** French.

57

the＋比較級＋**of the two** 「二つのうちの〜のほう」	私は背が高い**ほうだ 二人のうちの**
否定語＋比較級＋**than** 「〜ほど…なものはない」	**何もない より貴重なものは 愛ほど**
no bigger than〜 「〜より大きくない」	それは **大きくない マッチ箱よりも**（マッチ箱ほどの大きさしかない）
no stronger than 「〜より強くない」	私は **強くない あなたよりも**（あなたと同じくらい弱い）
no better than 「〜よりよくない」（〜も同然）	あなたは**よくない 悪魔より**（悪魔も同様だ）
no more than〜 「たった〜しかない」	私は持って**ない たった**10ドルしか
not more than〜 「せいぜい〜くらい」（以上ではない）	私は持っている **せいぜい**10ドルくらいを
no less than＋数詞 「〜も」	私は持っている 100万ドル**も**
not less than＋数詞 「少なくとも〜」（以下ではない）	私は持っている **少なくとも**100万ドルを
much more〜 「まして〜はなおさらだ」（肯定文）	私は話せる フランス語を **まして**英語は**なおさらだ**
much less〜 「まして〜はなおさらない」（否定文）	私は話せない 英語が **まして**フランス語は**なおさら**話せない

比較…注意すべき用法②

I am **no more than** fifteen.

I am **no more** angry **than** you.

I am **no more** beautiful **than** you.

I am **not more** beautiful **than** you.

You are **no less** beautiful **than** her.

You are **not less** beautiful **than** her.

I am **junior to** you by three years.

My position is **superior to** yours.

Health is **preferable to** wealth.

This coffee is **inferior to** that in quality.

I **prefer** coffee **to** cola.

58

no more than~ 「ほんの~にすぎない」	私は**ほんの**15歳に**すぎない**
no more~than A 「A同様に~でない」	私は怒って**いない** あなた**同様**に
no more~than A 「A同様に~でない」	私は美しく**ない** あなた同様に
not more~than A 「Aほど~でない」	私は **より美しくない** あなたほど
no less~than A 「Aより劣らず~」(強調)	あなたは**劣ることなく美しい** 彼女より
not less~than A 「Aより劣らないほど~」 (客観的事実を述べる)	あなたは**劣らないほど美しい** 彼女**より**
junior to~ 「~より年下」	私はあなた**より年下**です 3歳
superior to~ 「~よりすぐれている」	私の地位は**すぐれている** あなたのより
preferable to~ 「~より望ましい」	健康は**望ましい** 富より
inferior to~ 「~より劣っている」	このコーヒーは**劣っている** あれ**より** 品質において
prefer~to… 「…より~のほうを好む」	私はコーヒーのほう**を好む** コーラより

149

比較…慣用句的表現

Which do you **like better**, tea or coffee ?

I **like** coffee **better**.

I am **no longer** a kid.

I can**not** wait **any longer**.

I am **more or less** lazy.

I must return home **sooner or later**.

You **had better** go home.

You **had better not** go home.

If you are to blame, **much more** am I.

I don't know English, **much less** German.

You are **no better than** a thief.

59

like better〜 「〜のほうが好き」	どちら**のほうが好き**ですか　お茶とコーヒーと
like〜**better** 「〜のほうが好き」	私はコーヒー**のほうが好き**です
no longer〜 「もはや〜ではない」	私は**もう**子供**ではない**
not〜**any longer** 「もはや〜ない」	私は待て**ない　もはや**
more or less〜 「多少〜」	私は**多少**　怠け者だ
sooner or later 「遅かれ早かれ」	私は帰らなければならない　家に**遅かれ早かれ**
had better〜 「〜したほうがよい」	あなたは帰っ**たほうがよい**　家に
had better not〜 「〜しないほうがよい」	あなたは帰ら**ないほうがよい**　家に
much more〜 「まして〜はなおさらだ」(肯定文)	もし　あなたが責めを負うべきなら　**まして**私は**なおさらだ**
much less〜 「まして〜はなおさらない」(否定文)	私は知らない　英語を　**まして**ドイツ語は**なおさら知らない**
no better than〜 「〜よりよくない」(〜も同然)	あなたは泥棒**よりよくない**(泥棒も同然だ)

151

比較…最上級

I am **the tallest of** us.

This pen is **the longest of** them all.

You are **the most beautiful of** the four women.

I like summer **best of** all the seasons.

I am **the tallest** boy **in** my class.

I sing **the best in** my class.

I get up **the earliest in** my family.

Tokyo is **the largest** city **in** the world.

Tokyo is **one of the largest** cities in the world.

Picasso is **one of the greatest** artists.

You are **the most beautiful** woman **that** I have ever seen.

60

the+最上級+**of**+複数名詞 「のなかでいちばん〜」	私は**いちばん背が高い** 私たちの**なかで**
the+最上級+**of**+複数名詞 「のなかでいちばん〜」	このペンは**いちばん長い** それら全部の**なかで**
the+最上級+**of**+複数名詞 「のなかでいちばん〜」	あなたは**いちばん美しい** 4人の女性の**なかで**
最上級+**of**+複数名詞 「のなかでいちばん〜」	私は夏が**いちばん好きだ** 四季の**なかで**
the+最上級+**in**+「場所や範囲」 「のなかでいちばん〜」	私は**いちばん背の高い**少年だ私のクラスの**なかで**
the+最上級+**in**+「場所や範囲」 「のなかでいちばん〜」	私は**いちばんうまく歌う** 私のクラスの**なかで**
the+最上級+**in**+「場所や範囲」 「のなかでいちばん〜」	私は**いちばん早く起きる** 家族の**なかで**
the+最上級+**in**+「場所や範囲」 「のなかでいちばん〜」	東京は**いちばん大きい**都市だ世界**中で**
one of the+最上級+複数名詞 「最も〜なうちの一つ」	東京は**最も大きな**都市の一つだ世界中で
one of the+最上級+複数名詞 「最も〜なうちの一人」	ピカソは**最も偉大な**芸術家の一人だ
the+最上級+名詞+**that**〜 「今まで〜したなかで最も…」	あなたは**最も美しい**女性だ 私がかつて見た**なかで**

153

比較…注意すべき用法③

You are **by far the most** beautiful woman.

Tokyo is **much the largest** city in Japan.

You are **the very best** runner in the group.

Chicago is **the second largest** city in the U.S..

This is **the third tallest** building in the U.S..

Even the wisest man makes mistakes.

Even the smallest child can understand this.

Tokyo is **larger than any other** city in the world.

Nothing is **as** important **as** health.

Nothing is **more** important **than** health.

I've **never** seen a **more** beautiful woman **than** you.

61

by far＋**the**＋最上級～ 「実にいちばん～」	あなたは です **実にいちばん美しい女性**
much＋**the**＋最上級～ 「実に大きい～」	東京は**実に大きい都市だ** 日本のなかで
the＋**very**＋最上級～ 「実にいちばんの～」	あなたは**実にいちばんのランナーだ** あのグループで
the＋**second**＋最上級～ 「2番目に～」	シカゴは です **2番目に大きい都市** アメリカのなかで
the＋**third**＋最上級～ 「3番目に～」	これは です **3番目に高いビルディング** アメリカのなかで
even the wisest～ 「最も賢い～でさえ」	**最も賢い人でさえ** 失敗を犯す
even the smallest～ 「最も小さい～でさえ」	**最も小さい子供でさえ** 理解できる これを
比較級＋**than any other**＋単数名詞 「他のどの～よりも」	東京は です **他のどの都市よりも大きい** 世界中で
否定語＋**as**＋原級＋**as**～ 「～ほど…なものはない」	**何もない** 大切なものは 健康**ほど**
否定語＋比較級＋**than**～ 「～より…なものはない」	**何もない より**大切なものは 健康**より**
否定語＋比較級＋**than**～ 「～より…なものはない」	私は見たことが**ない より**美しい女性を あなた**より**

155

比較…最上級を含む慣用句

I am **at best** a second-rate pianist.

The cherry blossoms are **at their best** now.

Summer vacation has come **at last**.

I keep fighting **to the last**.

I go to the movies **at least** once a month.

I am **not in the least** surprised at the news.

I will be back by ten **at the latest**.

Most boys like baseball.

This is **a mos**t interesting book.

You are twenty **at most**.

Make **the most of** your time.

62

at best 「いくらよくても」	私は です **いくらよくても** 二流ピアニスト
at one's best 「最もよい状態で」	桜は です **最もよい状態** （見ごろ）今が
at last 「ついに／とうとう」	夏休みは来た **ついに**
to the last 「最後まで」	私は闘いつづける **最後まで**
at least 「少なくとも」	私は行く 映画に **少なくとも** 1カ月に1回
not in the least 「少しも〜でない」	私は**少しも**驚か**ない** そのニュース に対して
at the latest 「遅くとも」	私は戻ってくる 10時までに **遅くとも**
most 「たいていの」(**the**を付けないで)	たいていの少年は好きです 野球を
a most＝very 「非常に」	これは**非常に**おもしろい本です
at most 「せいぜい」	あなたは20歳です **せいぜい**
make the most of〜 「〜を最大限に利用する」	**最大限に利用しなさい** あなたの 時間を

前置詞…時を表す at/in/on な

I get up **at** seven.

I have lunch **at** noon.

I come home **in** the evening.

I leave home at seven **in** the morning.

I will go to America **in** June.

I was born **in** 1970.

I was born **on** a Monday.

I was born **on** June seventh.

I will be back **in** an hour.

I will be back **within** an hour.

I will be back **after** an hour.

ど 63

at 時刻を表す	私は起きる　7時に
at 時刻を表す	私は昼食をとる　正午に
in 午前／午後／夕方を表す	私は帰宅する　夕方に
in 朝・昼・夜を表す	私は家を出る　7時に　朝の
in 月を表す	私は行きます　アメリカに　6月に
in 年を表す	私は生まれた　1970年に
on 曜日を表す	私は生まれた　月曜日に
on 特定の日付を表す	私は生まれた　6月7日に
in 「たったら」	私は戻ってきます　1時間たったら
within 「以内に」	私は戻ってきます　1時間以内に
after 「〜後に」	私は戻ってきます　1時間後に

前置詞…時を表す by/for/sin

I will be back **by** seven o'clock.

I will wait for you **till** seven.

I will wait for you **until** seven.

I haven't seen you **for** a long time.

I am working at the store **during** the vacation.

I am working at the store **through** the vacation.

I am working at the store **all year long**.

It snowed **throughout** the night.

I have lived here **since** 1970.

I work **from** Monday till Friday.

I will do my best **from now on**.

ceなど　64

by 「〜までに」	私は戻ります　7時**までに**
till 「〜まで」	私は待ちます　あなたを 7時**まで**
until=till 「〜まで」	私は待ちます　あなたを 7時**まで**
for 「〜の間」（期間）	私は会っていない　あなたと しばらく**の間**
during 「〜中」（状態の継続）	私は働いている　お店で　休憩**中**
through 「〜のはじめから終わりまで」	私は働いている　お店で　休憩**中** **ずっと**
all year long 「一年中」	私は働いている　お店で　**一年中**
throughout 「〜を通じて」	雪が降った　夜**を通して**（夜じゅう）
since 「〜以来」	私は住んでいる　1970年**以来**
from 「〜から」	私は働く　月曜日**から**　金曜日まで
from now on 「今後」	私は最善を尽くします　**今後**

161

前置詞…場所を表す at/in/into

I am staying **at** a hotel.

I change trains **at** Shibuya.

I arrived **at** Tokyo.

I live **in** Tokyo.

I live **in** America.

I am **in** the kitchen.

I swim **in** the river.

The sun rises **in** the east.

The sun sets **in** the west.

Come **into** the kitchen.

I jumped **into** the river.

65

at 「〜に」(狭い場所)	私は泊まっている　ホテル**に**
at 「〜で」(駅)	私は電車を乗り換える　渋谷**で**
at 「〜に」(町)	私は着いた　東京**に**
in 「〜に」(大都市)	私は住んでいる　東京**に**
in 「〜に」(国)	私は住んでいる　アメリカ**に**
in 「〜のなかに」	私はいる　台所(のなか)**に**
in 「〜のなかで」	私は泳ぐ　川(のなか)**で**
in 「〜のなかから」	太陽は昇る　東(のなか)**から**
in 「〜のなかに」	太陽は沈む　西(のなか)**に**
into 「〜のなかへ」	来なさい　台所(のなか)**へ**
into 「〜のなかに」	私は飛び込んだ　川(のなか)**に**

前置詞…場所を表す on/up など

There is a book **on** the chair.

There is a picture **on** the wall.

There is a fly **on** the ceiling.

I saw her **on** the street.

The airplane flew **above** the clouds.

There is a bridge **over** the river.

I stretched my hands **over** the fire.

I went **up** the hill.

I went **down** the hill.

There is a book **under** the table.

The sun sets **below** the horizon.

66

on 「〜の上に」	本があります　椅子**の上に**
on 「〜に」(接触している)	絵がかけてあります　壁**に**
on 「〜に」(接触している)	ハエがとまっています　天井**に**
on 「〜(の上)で」	私は会った　彼女と　通り(の上)**で**
above 「〜の上を」	飛行機は飛んだ　雲**の上を**
over 「〜(の真上)に」	橋がかかっている　川(の真上)**に**
over 「〜(の上)に」	私はかざした　私の手を 火(の上)**に**
up 「〜の上に」	私は上がった　丘**の上に**
down 「〜の下へ」	私は下りた　丘**の下へ**
under 「〜の真下に」	本があります　テーブル**の真下に**
below 「〜より下に」	太陽は沈む　地平線**より下に**

前置詞…場所を表す behind/

I speak **before** a large audience.

There is a tree **in front of** my house.

There is a tree **behind** my house.

There is a tree **in back of** my house.

There is a tree **by** my house.

There is a tree **beside** my house.

There is a tree **between** the houses.

There are trees **around** my house.

There is a house **among** the trees.

I walk **around** the tree.

I walk **about** the town.

by など 67

before 「〜の前で」	私は話す	大勢の聴衆の**前で**
in front of〜 「〜の前に」	木がある	私の家の**前に**
behind 「〜の後ろに」	木がある	私の家の**後ろに**
in back of〜 「〜の後ろに」	木がある	私の家の**後ろに**
by 「〜のそばに」	木がある	私の家の**そばに**
beside 「〜のそばに」	木がある	私の家の**そばに**
between 「〜（二つ）の間に」	木がある	家と家の**間に**
around 「〜のまわりに」	木がある	私の家の**まわりに**
among 「〜のなかに」	家がある	木立の**なかに**
around 「〜のまわりを」	私は歩く	木の**まわりを**
about 「〜のあちこちを」	私は歩く	町の**あちこちを**

前置詞…場所を表すto/from/

I go **to** the park.

I walk **toward** the park.

I leave **for** America.

I go **out of** the room.

I send a postcard **from** America.

The cat came out **from** under the table.

The cat came in **through** the window.

The bank is **across** the street.

This street cuts **across** Beverly Avenue.

Keep **off** the grass.

A button came **off** my coat.

for など 68

to
「〜へ」

私は行く　公園へ

toward
「〜のほうへ」

私は歩く　公園のほうへ

for
「〜に向かって」

私は出発する　アメリカに向かって

out of
「〜から」

私は出ていく　部屋から

from
「〜から」

私は送る　ハガキを　アメリカから

from
「〜から」

猫は出てきた　テーブルの下から

through
「〜を通り抜けて」

猫は入ってきた　窓を通り抜けて

across
「〜の向こう側に」

銀行は　ある　道の向こう側に

across
「〜を横切って」

この道は横切って(交差して)いる
ビバリー通りを

off
「〜から離れて」

離れてください　芝生から

off
「〜からとれて」

ボタンがとれた　私の上着から

169

前置詞…その他の用法 for/of

I play tennis **for** exercise.

This is a present **for** you.

This is good **for** your health.

I will write a letter **for** you.

I know the name **of** this flower.

I go to the top **of** a tower.

I am the oldest **of** the three.

I receive a check **for** ten dollars.

Tell me the story **of** your family.

The desk is made **of** wood.

The artist was born **of** a good family.

69

for 「〜のために」	私はテニスをする　運動**のために**
for 「〜のための」	これはプレゼントです　あなた**の ための**
for 「〜にとって」	これはよい　あなたの健康**にとって**
for 「〜に代わって」	私は書きます　手紙を　あなた**に 代わって**
of 「〜の」	私は知っている　名前を　この花**の**
of 「〜の(一部である)」	私は上る　てっぺんに　塔**の**
of 「〜のなかで」	私は最年長だ　3人**のなかで**
for 「〜の(金額の)」	私は受け取る　10ドル**の(金額の) **小切手を
of 「〜について」	話してください　話を　あなたの 家族**について**
of 「〜から」(材料の原形をとどめる)	その机は造られている　木材**から**
of 「〜から」(起源)	その芸術家は生まれた　名門**から**

前置詞…その他の用法 with/at

I live **with** my wife.

I have a dog **with** black hair.

I cut the rope **with** a knife.

I am in bed **with** a cold.

I am pleased **with** the present.

I fell asleep **with** the television on.

I am **at** dinner right now.

I drive **at** a speed of fifty miles an hour.

I bought a camera **at** a low price.

I was surprised **at** the news.

I throw a stone **at** the dog.

70

with 「～といっしょに」	私は住んでいる　妻と**いっしょに**
with 「～を持つ」	私は飼っている　犬を　黒い毛を**持った**
with 「～で」	私は切る　ロープを　ナイフ**で**
with 「～のために」	私は寝ている　風邪**のために**
with 「～に関して」	私は満足している　そのプレゼント**に関して**
with 「～の状態にして」	私は寝入ってしまった　テレビをつけた**状態(まま)にして**
at 「～の最中で」	私は夕食の**最中です**　今ちょうど
at 「～で」(速度)	私は運転する　時速50マイル**で**
at 「～で」(値段)	私は買った　カメラを　安い値段**で**
at 「～を聞いて(見て)」	私は驚いた　そのニュース**を聞いて**
at 「～をめがけて」	私は投げる　石を　犬**をめがけて**

前置詞…その他の用法 on/over

I put a ring **on** my finger.

I play Chopin **on** the piano.

I watch the football game **on** TV.

I want a good book **on** love.

The dinner is **on** me.

This movie is for children **over** ten.

I spoke to her **over** the phone.

We talked **over** the plan.

I know nothing **about** her.

There is something unusual **about** her.

Cheese is made **from** milk.

など **71**

on 「～(の身)に(つけて)」	私ははめた　指輪を　私の指に (つけて)
on 「～で(を用いて)」	私は弾く　ショパンを　ピアノで (を用いて)
on 「～で」	私は見る　フットボールゲームを テレビで
on 「～についての」	私は欲しい　よい本が　愛につい ての
on 「～のおごりで」	夕食は　私のおごりです
over 「～を越えた」	この映画は子供のためのです　10 歳を越えた(＝11歳から)
over 「～によって」(電話)	私は話した　彼女と　電話によって
over 「～について」(**about**より時間をかけて)	私たちは話しあった　その計画に ついて
about 「～について」	私は知らない　彼女について
about 「～には」	どこか変わったところがある 彼女には
from 「～から」(材料の原形をとどめない)	チーズはできている　ミルクから

175

接続詞…and/but/or/nor

You **and** I are good friends.

Two **and** three make five.

I went to the store **and** bought food.

I was tired **and** went to bed early.

Work hard, **and** you will succeed.

I met her, **and** by chance.

I am so rich, **but** live like a beggar.

I want to be a painter **or** musician.

Hurry up, **or** you will be late.

John won't go, **nor** will Mary.

I have **neither** money **nor** power.

72

and 「〜と〜」	あなたと私は いい友達です
and 「〜と〜」	2と3で 5をつくる(2+3=5)
and 「そして」	私は店に行った そして買った 食べ物を
and 「それで」	私は疲れていた それで床についた 早く
命令文+**and** 「そうすれば」	一生懸命に働きなさい そうすれば あなたは成功します
and 「しかも」(音調を高めて)	私は会った 彼女に しかも偶然に
but 「それなのに」	私は金持ちです それなのに ホームレスのように生活している
or 「〜か〜」	私はなりたい 画家か音楽家に
命令文+**or** 「そうしないと」	急ぎなさい そうしないと あなたは遅れますよ
否定文+**nor** 「〜もそうだ」	ジョンは行かないだろう メリー もそうだ
neither A nor B 「AもBもどちらも〜でない」	私は持っていない どちらも 金も力も

第5章

仮定法
時制の一致
話　　法
否　　定

仮定法…仮定法過去

If I were rich, I **would** buy a new car.

If I could speak English, they **might** employ me.

If I knew your address, I **could** write to you.

I wish I **were** rich.

I wish I **could** fly like a bird.

I wish you **could** drive a car.

I wish you were coming with us.

He talks **as if** he **knew** everything.

He talks **as if** he **were** a child.

If it were not for your help, I could not succeed.

If I were you, I would leave now.

73

If+S+were+S+would+動詞の原形 「もし〜であれは…であろうに」	もし私が金持ちであれば　私は買うであろうに　新車を
If+S+動詞の過去形〜+ **S+might+動詞の原形** 「もし〜であれば…かもしれない」	もし私が話せたら　英語を　彼らは雇ってくれた**かもしれない**　私を
If+S+動詞の過去形〜+ **S+could+動詞の原形** 「もし〜であれば…できるだろうに」	もし私が知っていたなら　あなたの住所を私は手紙を**書けるだろうに**　あなたに
I wish+S+were〜 「〜であればいいのだが」	私はいいのだが　私が金持ちであれば
I wish+S+could〜 「〜できればいいのだが」	私はいいのだが　私が飛べたら鳥のように
I wish+S+could〜 「〜できればいいのだが」	私はいいのだが　あなたが車を**運転できれば**
I wish+S+過去形 「〜すればいいのだが」	私はいいのだが　あなたが来れば我々といっしょに
as if+S+過去形 「まるで〜であるかのように」	彼は話す　**まるで**彼が知っている**かのように**　すべてを
as if+S+過去形 「まるで〜であるかのように」	彼は話す　**まるで**彼が子供である**かのように**
If it were not for〜 「もし〜がなければ」	もしあなたの助け**がなければ**私は成功できなかった
If I were you〜 「もし私があなたの立場であるなら〜」	**もし私があなたの立場であるなら**私は出発します　今すぐ

181

仮定法…仮定法過去完了

If I **had** had more money, I **would have** bought a new car.

If you **had** come a little earlier, you **might have** seen her.

If I **had** studied hard, I **could have** succeeded.

I wish I **had** married you.

I wish I **had** passed the examination.

I wish you **had not** said that.

I am sorry you said that.

I wished you **had not** said that.

You look **as if** you **had** seen a ghost.

You are talking **as if** you **had** lived in America.

If it had not been for your advice, I would have failed.

74

If+S+**had**+過去分詞, S+**would have**+過去分詞 「もし〜だったら…であっただろうに」	もし私が持っていたなら　たくさんのお 金を　私は買っていただろうに　新車を
If+S+**had**+過去分詞, S+**might have**+過去分詞 「もし〜だったら…かもしれない」	もしあなたが来ていれば　もう少し早く あなたは会えた**かもしれない**　彼女と
If+S+**had**+過去分詞, S+**could have**+過去分詞 「もし〜していたなら…できたかもしれない」	もし私が勉強していたなら　一生懸 命に　私は成功できたかもしれない
I wish+S+**had**+過去分詞 「〜していればよかったのに」	私はよかったのに　私が結婚して **いれば**　あなたと
I wish+S+**had**+過去分詞 「〜していればよかったのに」	私はよかったのに　私が合格して **いれば**　試験に
I wish+S+**had not**+過去分詞 「〜しなければよかったのに」	私はよかったのに　あなたが言わ **なければ**　そんなことを
I am sorry〜＝上文の言い換え 「残念です」	私は残念です　あなたがそんなこ とを言って
I wished+S+**had not**+過去分詞 「〜しなければよかったのにと思った」	私はよかったのにと思った　あな たが言わなければ　そんなことを
as if+S+**had**+過去分詞 「まるで〜だったかのように」	あなたは見える　あなたが**まるで** 出会った**かのように**　幽霊と
as if+S+**had**+過去分詞 「まるで〜だったかのように」	あなたは話している　あなたが**まる** **で**住んだ**かのように**　アメリカに
If it had not been for 「もし〜がなかったとしたら」	もしなかったとしたら　あなたの 助言が　私は失敗していただろう

183

仮定法…注意すべき用法①

If you **should** fail, what **would** you do ?

If she **should** come, I **will** tell you.

If it **should** rain, I **will** stay home.

If I **were to** be reborn, I **would** like to become an artist.

If you **were to** know the fact, you **would** be surprised.

Were it not for air, we would die.

Were I you, I would tell the truth.

Were I young, I would go to America.

Had I studied, I might have succeeded.

Had you been awake, you could have called me.

Should you change your mind, please let me know.

75

If+S+should動詞の原形, **S+would**+動詞の原形 「万一～するようなことがあれば…」	**万一**あなたが失敗**するようなこと** **かあれば** あなたはどうしますか
If+S+should+動詞の原形, **S+will(would)**+動詞の原形 「万一～するようなことがあれば…」	**万一**彼女が来る**ようなことがあれば** 私は知らせます あなたに
If+S+should+動詞の原形, **S+will**+動詞の原形 「万一～するようなことがあれば…」	**万一**雨が降る**ようなことがあれば** 私はいます 家に
If+S+were to+動詞の原形, **S+would**+動詞の原形 「もし～するようなことがあれば…」	**もし**私が生まれ変わる**ようなことが あれば** 私はなりたい 芸術家に
If+S+were to+動詞の原形, **S+would**+動詞の原形 「もし～するようなことがあれば…」	**もし**あなたが知る**ようなことがあれば** その事実を あなたは驚くだろう
Were it not for= **If it were not for~** 「もし～がなければ」	**もし**空気が**なければ** 我々は死ん でしまうだろう
Were I you=If I were you 「もし私かあなたなら」	**もし**私があなた**なら** 私は言うの だが 本当のことを
Were I young=If I were young 「もし私か若ければ」	**もし**私が若**ければ** 私は行くのだが アメリカに
Had I studied=If I had studied 「もし私が勉強していたなら」	**もし**私が勉強していた**なら** 私は 成功していたかもしれない
Had you been awake= **If you had been awake** 「もしあなたが目を覚ましていたなら」	**もし**あなたが目を覚ましていた**なら** あなたは電話がかけられた 私に
Should you change= **If you should change** 「万一あなたが変わっていたならば」	**万一**あなたが変わっていた**ならば** あなたの考えが どうぞ教えてください

185

仮定法…注意すべき用法②

But for your advice, I would fail.

Without your advice, I would fail.

But for your advice, I would have failed.

Without your advice, I would have failed.

If only we loved each other.

If only you had known.

Even if I were ill, I would go there.

Even though I am ill, I will go there.

In case it should rain, you should take your umbrella.

Suppose you had a million dollars, what would you do ?

Unless you were honest, I would not employ you.

76

But for＝If it were not for〜 「〜がなければ」	あなたの助言が**なければ** 私は失敗するだろう
Without＝If it were not for〜 「〜がなければ」	あなたの助言が**なければ** 私は失敗するだろう
But for＝If it had not been for〜 「〜がなかったら」	あなたの助言が**なかったら** 私は失敗していただろう
Without＝If it had not been for〜 「〜がなかったら」	あなたの助言が**なかったら** 私は失敗していただろう
If only〜＝I wish〜 「〜さえすればなあ」	私たちが愛しあってい**さえすればなあ** お互いに
If only〜＝I wish〜 「〜でありさえすればなあ」	あなたが知ってい**てくれさえすればなあ**
Even if〜 「たとえ〜でも」	**たとえ**私が病気**でも** 私は行きます そこへ
Even though〜＝Even if〜 「たとえ〜でも」	**たとえ**私が病気**でも** 私は行きます そこへ
In case〜 「万一〜の場合のために」	**万一**雨が降った**場合のために** あなたは持ったほうがいい 傘を
Suppose〜 「もし〜ならば」	**もし**あなたが手にした**ならば** 100万ドルを 何をしますか あなたは
Unless〜 「〜でないなら」	**もし**あなたが正直**でないなら** 私は雇わないだろう あなたを

187

時制の一致①

I **think** that you **do**.

I **thought** that you **did**.

I **think** that you **did**.

I **think** that you **have done**.

I **thought** that you **had done**.

I **think** that you **had done**.

I **thought** that you **had done**.

I **know** that you **are** sick.

I **know** that you **were** sick.

I **knew** that you **were** sick.

I **thought** that you **must** go.

77

think→do 主節が現在形で従属節が現在形	私は**思う** あなたは**する**と
thought→did 上文の主節が過去形だと従属節は 過去形	私は**思った** あなたは**する**と
think→did 主節が現在形で従属節が過去形	私は**思う** あなたは**した**と
think→have done 主節が現在形で従属節が現在完了	私は**思う** あなたは**してしまった**と
thought→had done 上文の主節が過去形だと従属節は 過去完了	私は**思った** あなたは**してしまっ た**と
think→had done 主節が現在形で従属節が過去完了	私は**思う** あなたは**してしまって いた**と
thought→had done 上文の主節が過去形だと従属節は 過去完了	私は**思った** あなたは**してしまっ た**と
know→are 主節が現在形で従属節が現在形	私は**知っている** あなたが病気で **ある**ことを
know→were 主節が現在形で従属節が過去形	私は**知っている** あなたが病気で **あった**ことを
knew→were 主節が過去形で従属節が過去形	私は**知っていた** あなたが病気で **ある**ことを
thought→must 主節が過去形でも**must**は現在形	私は**思った** あなたが行か**なけれ ば**ならないと

189

時制の一致②

I **think** that you **will go**.

I **thought** that you **would go**.

I **think** that you **will have gone**.

I **thought** that you **would have gone**.

I **think** that you **are going**.

I **thought** that you **were going**.

I **think** that you **were going**.

I **thought** that you **had been going**.

I **think** that you **have been going**.

I **thought** that you **had been going**.

I **have though** that you **going**.

78

think→will go 主節が現在形で従属節が未来形	私は**思う** あなたが**行くだろうと**
thought→would go 上文の主節か過去形だと従属節の **will**は過去形	私は**思った** あなたが**行くだろうと**
think→will have gone 主節が現在形で従属節が未来完了	私は**思う** あなたが**行ってしまっ ているだろうと**
thought→would have gone 上文の主節が過去形だと従属節は 過去未来完了	私は**思った** あなたが**行ってし まっているだろうと**
think→are going 主節が現在形で従属節が現在進行形	私は**思う** あなたが**行きつつあると**
thought→were going 上文の主節が過去形だと従属節は 過去進行形	私は**思った** あなたが**行きつつあ ると**
think→were going 上文の主節が現在形で従属節が過 去進行形	私は**思う** あなたが**行きつつあっ たと**
thought→had been going 上文の主節が過去形だと従属節は 過去完了進行形	私は**思った** あなたが**行きつつ あったと**
think→have been going 主節が現在形で従属節が現在完了 進行形	私は**思う** あなたが**行きつつあると**
thought→had been going 上文の主節が過去形だと従属節は 過去完了進行形	私は**思った** あなたが**行きつつ あったと**
have thought→going 主節が現在完了でも従属節の動詞 に変化はない	私は**思っていた** あなたが**行くと**

話法…直接話法と間接話法①

She says, "**I am** happy."

She says **that she is** happy.

She said, "**I am** happy."

She said **that she was** happy.

She said, "**I will be** happy."

She said **that she would be** happy.

She said, "**I was** happy."

She said **that she had been** happy.

She said, "**I have been** busy."

She said **that she had been** busy.

She said **that she had** just **finished her** homework.

79

"I am~" 直接話法	彼女は書いている 「私は幸せだ」
That she is~ 間接話法	彼女は言っている **彼女は**幸せで あると
"I am~" 直接話法	彼女は言った 「私は幸せだ」
That she was~ 間接話法(従属節は過去形になる)	彼女は言った **彼女は**幸せであると
"I will be~" 直接話法	彼女は書いた 「私は幸せになる だろう」
that she would be~ 間接話法(従属節のwillは過去形になる)	彼女は言った **彼女は**幸せになる だろうと
"I was~" 直接話法	彼女は言った 「私は幸せだった」
that she had been~ 間接話法(従属節は過去完了になる)	彼女は言った **彼女は**幸せだったと
"I have been~" 直接話法	彼女は言った 「私はずっと忙し い」
that she had been~ 間接話法(従属節は過去完了になる)	彼女は言った **彼女は**ずっと忙し かったと
that she had finished her~ 間接話法(従属節は過去完了になる)	彼女は言った **彼女は**ちょうど終 えたところだと 彼女の宿題を

話法…直接話法と間接話法②

I said, "**I am** happy."

I said that **I was** happy.

I said, "**She is** happy."

I said that **she was** happy.

You said, "**You are** happy."

You said that **I was** happy.

You said, "**I will** go to America."

You said that **you would** go to America.

She said, "**I don't** love **you**."

She said that **she didn't** love **me**.

She said that **I was** happy.

80

"I am~" 直接話法	私は言った 「私は幸せだ」
I am→I was 間接話法	私は言った **私は幸せだと**
"She is~" 直接話法	私は言った 「微女な幸せだ」
She is→she was 間接話法	私は言った **彼女は幸せだと**
"You are~" 直接話法	あなたは言った 「あなたは幸せだ」
You are→I was 間接話法	あなたは言った **私は幸せだと**
"I will~" 直接話法	あなたは言った 「私は行くつも りだ アメリカに」
I will→you would 間接話法	あなたは言った **あなたが行くつ もりだと** アメリカに
"I don't~you" 直接話法	彼女は言った 「私は愛していな いあなたを」
I don't→she didn't/you→me 間接話法	彼女は言った **彼女は愛していな いと 私を**
直接話法の **you are→I was** 間接話法	彼女は言った **私は幸せだと**

195

話法…代名詞と副詞の変化①

I said, "I like **this**."

I said that I liked **that**.

I said, "I came **here**."

I said that I had gone **there**.

I said, "I am happy **now**."

I said that I was happy **then**.

I said, "I will go there **today**."

I said that I would go there **that day**.

I said, "I will go there **tonight**."

I said that I would go there **that night**.

I said that I would go there **that week**.

81

this 直接話法	私は言った 「私は好きだ **これが**」
this→that 間接話法	私は言った 私は好きだと **それが**
here 直接話法	私は言った 「私は来た **ここに**」
here→there 間接話法	私は言った 私は行ったと **そこへ**
now 直接話法	私は言った 「私は幸せだ **今**」
now→then 間接話法	私は言った 私は幸せだと **そのときは**
today 直接話法	私は言った 「私は行くつもりです そこへ **今日**」
today→that day 間接話法	私は言った 私は行くつもりです と そこへ **その日に**
tonight 直接話法	私は言った 「私は行くつもりです そこへ **今夜**」
tonight→that night 間接話法	私は言った 私は行くつもりだと そこへ **その夜に**
直接話法の**this week→that week** 間接話法	私は言った 私は行くつもりだと そこへ **その週に**

197

話法…代名詞と副詞の変化②

I said, "I will go there **tomorrow**."

I said that I would go there **the next day**.

I said that I would go there **the following day**.

I said, "I went there **yesterday**."

I said that I had gone there **the previous day**.

I said that I had gone there **the day before**.

I said, "I went there **last night**."

I said that I had gone there **the previous night**.

I said that I had gone there **the night before**.

I said, "I went there **last year**."

I said that I had gone there **the previous year**.

82

tomorrow 直接話法	私は言った 「私は行くつもりで す そこへ**明日**」
tomorrow→the next day 間接話法	私は言った 私は行くつもりだと そこへ **その次の日に**
tomorrow→the following day 間接話法	私は言った 私は行くつもりだと そこへ **その次の日に**
yesterday 直接話法	私は言った 「私は行った そこ へ**昨日**」
yesterday→the previous day 間接話法	私は言った 私は行ったと そこへ **その前の日に**
yesterday→the day before 間接話法	私は言った 私は行ったと そこへ **その前の日に**
last night 直接話法	私は言った 「私は行った そこへ **昨夜**」
last night→the previous night 間接話法	私は言った 私は行ったと そこへ **その前の夜に**
last night→the night before 間接話法	私は言った 私は行ったと そこへ **その前の夜に**
last year 直接話法	私は言った 「私は行った そこへ **昨年**」
last year→the previous year 間接話法	私は言った 私は行ったと そこへ **その前の年に**

199

話法…話法の転換①

He **says**, "I love you."

He **says** that he loves me.

He **said** that he loved me.

He **says to** me, "I love you."

He **tells** me that he loves me.

He **said to** me, "I love you."

He **told** me that he loved me.

He **said to** me, "Where do you go ?"

He **asked** me where I went.

He **said to himself**, "What shall I do ?"

He **wondered** what he should do.

83

say 直接話法	彼は**言う** 「私はあなたを愛している」
say→say 間接話法	彼は**言う** 彼は愛していると 私を
said→said 間接話法	彼は**言った** 彼は愛していると 私を
say to 直接話法	彼は**言う** 私に 「私はあなたを愛している」
say to→tell 間接話法	彼は**言う** 私に 彼は愛していると私を
said to 直接話法	彼は**言った** 私に 「私はあなたを愛している」
said to→told 間接話法	彼は**言った** 私に 彼は愛していると 私を
said to 直接話法	彼は**言った** 私に 「どこへあなたは行くのか」
said to→asked 間接話法	彼は**尋ねた** 私に どこへ行くのかと
said to oneself 直接話法	彼は**言った** **彼自身に** 「私はどうしたらいいのか」
said to oneself→wondered 間接話法	彼は **思った** 彼は どうしたらいいかと

201

話法…話法の転換②

He said to me, "**Get** out of the room."

He told me **to get** out of the room.

He **ordered** me to get out of the room.

He **said to** me, "Don't go there."

He **advised** me not to go there.

He **said to** me, "Don't cross the fence."

He **warned** me not to cross the fence.

He **said to** me, "Please tell me the way."

He **asked** me to tell him the way.

He **said to** me, "Please give me some money."

He **begged** me to give him some money.

84

get 直接話法	彼は言った 私に 「出ていけ 部屋から」
get→to get 間接話法	彼は言った 私に 出ていくことを部屋から
said to(命令)**→ordered** 間接話法	彼は命じた 私に 出ていくことを部屋から
said to 直接話法	彼は言った 私に 「行くな そこへ」
said to(助言)**→advised** 間接話法	彼は助言した 私に 行くことはないと そこへ
said to 直接話法	彼は言った 私に 「横切ってはならない 囲いを」
said to(警告)**→warned** 間接話法	彼は警告した 私に 横切らないようにと 囲いを
said to 直接話法	彼は言った 私に 「どうぞ教えてください 道を」
said to(依頼)**→asked** 間接話法	彼は頼んだ 私に 教えることを彼に 道を
said to 直接話法	彼は言った 私に 「どうぞください 私に いくらかのお金を」
said to(依頼)**→begged** 間接話法	彼は頼んだ 私に あげることを彼に いくらかのお金を

203

話法…話法の転換③

He said to me, "**You may** go to America."

He told me that **I may** go to America.

He said to me, "**Are you** Mr. Smith ?"

He asked me **if I was** Smith.

He asked me **whether I was** Smith.

He said to me, "**Can you** go there ?"

He asked me **if I could** go there.

He said to me, "**Have you been** to America ?"

He asked me **if I had been** to America.

He said to me, "**Will you** go there ?"

He asked me **if I would** go there.

85

"you may~" 直接話法	彼は言った 私に 「あなたは 行ってよい アメリカに」
"you may~"→I may~ 間接話法	彼は言った 私に **私は行ってよい** と アメリカに
"Are you~?" 直接話法	彼は言った 私に 「あなたはス ミスさんですか」
"Are you~?"→ if I was~ 間接話法	彼は尋ねた 私に **私がスミスで あるかどうか**
"Are you~?"→ whether I was~ 間接話法	彼は尋ねた 私に **私がスミスで あるかどうか**
"Can you~?" 直接話法	彼は言った 私に 「あなたは行 くことができますか そこへ」
"Can you~?"→if I could~ 間接話法	彼は尋ねた 私に **私が行けるか どうか** そこへ
"Have you been~?" 直接話法	彼は言った 私に 「あなたは 行った**ことがあるか** アメリカ に」
"Have you been~?→ if I had been~ 間接話法	彼は尋ねた 私に **私は行ったこ とがあるかどうか** アメリカに
"Wil you~?" 直接話法	彼は言った 私に 「あなたは行 くつもりか そこへ」
"Wil you~?"→if I would 間接話法	彼は尋ねた 私に **私が行くつも りかどうか** そこへ

205

話法…話法の転換④

He said to me, "**Who went** there ?"

He asked me **who had gone** there.

He said, "**What is the matter** with you ?"

He asked **what was the matter** with me.

He **said to** me, "How beautiful you are !"

He **exclaimed** that I was very beautiful.

He **said to** me, "What a beautiful woman you are !"

He **exclaimed** what a beautiful woman I was.

He **said to** me, "May you be happy !"

He **hoped** that I would be happy.

He **prayed** that I might be happy.

86

"Who went~?" 直接話法	彼は言った 私に 「誰が行った のか そこへ」
"Who went?" → who had gone~ 間接話法	彼は尋ねた 私に 誰が行ったの かと そこへ
"What is the matter~?" 直接話法	彼は言った 「どうしたんだ 君は」
What is → what was 間接話法	彼は尋ねた どうしたんだ 私はと
said to 直接話法	彼は言った 私に 「なんて美し いのだ あなたは」
said to → exclaimed 間接話法	彼は感嘆した 私がとても美しい ことを
said to 直接話法	彼は言った 私に 「なんて美し い女性だ あなたは」
said to → exclaimed 間接話法	彼は感嘆した なんて美しい女性 だと 私は
said to 直接話法	彼は言った私に 「あなたは 幸 せでありますように」
said to → hoped 間接話法	彼は望んだ 私が幸せであるよう にと
said to → prayed 間接話法	彼は祈った 私が幸せであるよう にと

207

否定…notの用法

Don't be afraid.

I tried **not to** sleep.

I feel frustrated **not** know**ing** about it.

She loves me, (and) **not** you.

Not all American people speak English.

I do**n't** have **any** money.

I do**n't** know **either** of your parents.

I **don't think that** I am a beautiful woman.

"Do you think it will snow tomorrow ?"
"No, I **think not**."

"Will he come ?" "**I'm afraid not**."

"Is she ill ?" "**I hope not**."

87

Don't be~ be動詞を用いた命令形の否定	怖が**るな**
not to~ 語句の否定	私は試みた　寝**ないこと**を
not~ing 語句の否定	私は悔しく思う　知ら**ないこと**を それについて
not~ 語の否定	彼女は私を愛している　あなた**で はなく**
not all~ 部分否定	**すべて**のアメリカ人**ではない** 英語を話すのは
not~any 全体否定	私は持って**いない　一銭**の金**も**
not~either 全体否定	私は知ら**ない　どちらも**　あなた の両親の
don't think that~ 「~だとは思わない」	私は**思わない**　私が美しい女性だ **とは**
think not 前文を全体否定	「あなたは思いますか　明日　雪が 降ると」「いいえ　私は**思わない**」
I'm afraid not 前文を全体否定	「彼は来るだろうか」「**(残念なが ら)私は来ないと思う**」
I hope not 前文を全体否定	「彼女は病気ですか」「**私は願うそ うでないと**」

209

否定···not/never/neither

I have **not a few** friends.

I was **not a little** surprised at the news.

I am **not** a designer **but** an artist.

I am **not so much** a designer **as** an artist.

I am **not only** a designer **but** an artist.

I am **neither** a designer **nor** an artist.

You should **not** cry **because** you failed.

I **never** see you **without** thinking of my son.

You **cannot** succeed **without** making an effort.

You **cannot be** an artist.

You **cannot be too** careful about your health.

の否定構文 **88**

not a few=many 「少なからぬ（たくさんの）」	私は持っている　**少なからぬ**（たくさんの）友達を
not a little=much 「少なからず（おおいに）」	私は**少なからず**（おおいに）驚いた　そのニュースに
not A but B 「A ではなく B」	私はデザイナー**ではなく**　芸術家だ
not so much A as B 「A というよりはむしろ B」	私はデザイナー**である**というよりは　**むしろ**芸術家だ
not only A but(also)B 「A であるばかりでなく B」	私はデザイナー**であるばかりでなく**　芸術家だ
neither A nor B 「A でも B でもどちらでもない」	私は**どちらでもない**　デザイナー**でも**　芸術家**でも**
not~because… 「～ではない…だからといって」	あなたは泣いてはいけ**ない**　失敗した**からといって**
never~without… 「～すると必ず…する」	私はあなたを見る**と**　**必ず**思い出す私の息子のことを
cannot~without… 「～できない…なしに」	あなたは成功**できない**　努力すること**なしに**
cannot be~ 「～のはずがない」	あなたは　芸術家**のはずがない**
cannot be too~ 「～でありすぎるということはない」	あなたは注意しすぎるということ**はない**　あなたの健康について

211

否定…noの用法

No smoking.

No, that's impossible.

I am **no** better today.

You are **no** fool.

I have **no** money.

There is no book in my bag.

No one loves her.

No one can love her.

No one man can do that.

None of them love her.

None of the food has gone bad.

89

No~ ～禁止（掲示板などで）	喫煙**禁止**
No 「まさか（驚き・疑い）」	**まさか** それは不可能だ
no~=not any~ 「少しも～ない」（比較級の前に用いて）	私は **少しもよくない** 今日は
no~=not a~ 「けっして～でない」	あなたは **けっして馬鹿ではない** （とても賢い）
no~=not any~ 「一つ（一人）の～もない」	私は持っている **一つもない**金を （私には金がない）
There is no~「～はない」	本**はない** 私のカバンのなかに
No one 「誰も～ない」	**誰も愛さない** 彼女を
No one can~ 「誰も～できない」	**誰も愛することはできない** 彼女を
No one man can~ 「一人の人間ではできない～」	**一人の人間ではすることができない** それを
None of~ 「～の誰も…ない」	彼ら**の誰も** 愛して**いない** 彼女を
None of~ 「一つも～がない」	**一つも**食べ物が**ない** 腐ってしまった （食べ物はどれも腐っていなかった）

213

否定…部分否定と全体否定

The weather is **not very** bad.

I am **not always** happy.

I do **not** know your name **exactly**.

I can **not** do **everything**.

I can **not** do **anything**.

All that glitters is **not** gold.

Not all men love women.

Not every man can love others.

I do **not quite** love her.

I do **not** love **both** of them.

I do **not** love **either** of them.

90

not very~ 「それほど~でない」(部分否定)	天候は それほど悪くない (まあまあの天候だ)
not always~ 「いつも~とは限らない」(部分否定)	私は いつも幸せとは限らない
not~exactly 「正確には~ない」(部分否定)	私は 知らない あなたの名前を 正確には
not~everything 「すべて~とは限らない」(部分否定)	私は すべてできるとは限らない
not~anything 「何も~ない」(全体否定)	私は 何もできない
all~not… 「すべての~が…とは限らない」(部分否定)	すべての 輝くものが 限らない 金とは
not all~ 「すべてが~とは限らない」(部分否定)	すべての男が愛するとは限らない 女性を
not every~ 「みんなが~とは限らない」(部分否定)	みんなが愛せるとは限らない 他人を
not quite~ 「まったく~というわけではない」(部分否定)	私は まったく愛しているという わけではない 彼女を
not~both 「両方とも~というわけではない」(部分否定)	私は 両方とも愛しているという わけではない 彼らの
not~either 「どちらも~でない」(全体否定)	私は 愛していない 彼らのどち らも

215

否定…準否定

I have **few** friends.

I have **a few** friends.

I have **little** money.

I have **a little** money.

I said **almost nothing**.

I **almost never** see her.

I **hardly** have time to eat lunch.

I can **scarcely** speak English.

I **seldom** go out.

I **rarely** meet her.

I do **nothing but** laugh.

91

few 「ほとんど〜ない」	私は持っている　ほとんどない 友達を（友達はほとんどいない）
a few 「少数の」	私は持っている　**少数の**友達を
little 「ほとんど〜ない」	私は持っている　ほとんどないお金 を（ほとんどお金を持っていない）
a little 「少しの」	私は持っている　**少しの**お金を
almost nothing 「ほとんど〜ない」	私は話した　ほとんどないことを （何も話さなかった）
almost never=**hardly ever** 「めったに〜しない」	私は**めったに**会わ**ない**　彼女と
hardly 「ほとんど〜ない」	私は　ほとんど時間が**ない**　ラン チを食べる
scarcely 「ほとんど〜ない」	私は**ほとんど話せない**　英語を
seldom 「めったに〜ない」	私は**めったに外出しない**
rarely 「めったに〜ない」	私は**めったに**会わ**ない**　彼女と
nothing but=**only** 「ただ〜だけ」	私は　ただ笑うだけ（笑ってばか りいる）

217

否定…注意すべき表現

I am **too** full **to** eat dessert.

It is **too** difficult a book for me.

I am **far from** an artist.

I am **anything but** an artist.

I am **nothing but** an artist.

I am **by no means** a genius.

I am **free from** worries.

I am **the last** man **to** tell a lie.

He **failed to** come.

He **denies** tell**ing** a lie.

He **denied having** told a lie.

92

too…to~ 「~するには…すぎる」	私は満腹**すぎる** 食べる**には** デザートを(お腹いっぱいで食べられない)
too~ 「~すぎる」	難し**すぎる** その本は 私にとって (難しくて読めない)
far from~ 「~からほど遠い」	私は**ほど遠い** 芸術家から (私は芸術家ではない)
anything but~ 「~のほかなら何でも」	私は**何でもだ** 芸術家のほかなら (私はけっして芸術家ではない)
nothing but~ 「~以外の何ものでもない」	私は**何ものでもない** 芸術家**以外の** (私は単なる芸術家にすぎない)
by no means~ 「けっして~でない」	私は **けっしてない** 天才では
free from~ 「~がない」	私は心配**から自由だ** (心配することがない)
the last~to… 「最も…しそうにない~」	私は男だ **最も嘘をつきそうにない** (私は嘘をつく男ではない)
failed to~ 「~しそこなう」	彼は**しそこなった** 来ることを (彼は来ない)
deny~ing 「~ないと言う」	彼はつか**ないと言う** 嘘を
denied having+過去分詞 「~しなかったと言う」	彼はつかな**かったと言う** 嘘を

**リーディングチェックチャートに記入して、
もう一度読み返してください。**

ヤバいくらい使える
英文法 1000

著　者	リック西尾
発行者	真船美保子
発行所	KK ロングセラーズ
	東京都新宿区高田馬場 2-1-2　〒 169-0075
	電話　(03) 3204-5161(代)　振替 00120-7-145737
	http://www.kklong.co.jp
印　刷	中央精版印刷　製　本　難波製本

落丁・乱丁はお取り替えいたします。

※定価と発行日はカバーに表示してあります。

ISBN978-4-8454-5034-3　C0282　　Printed In Japan 2017